Das Kindergartenmärchenbuch

Mechthild Wessel · Brigitte vom Wege

Das Kindergartenmärchenbuch

Die schönsten Geschichten und Aktionen von gestern bis heute

HERDER

FREIBURG · BASEL · WIEN

Dieses Buch ist auch lieferbar als Audio-CD bei

JUMBO Neue Medien & Verlag GmbH

ISBN 978-3-8337-2849-5

3. Auflage 2014

www.herder.de

Umschlaggestaltung: RSR Design Reckels & Schneider-Reckels, Wiesbaden
Umschlag- und Märchenillustrationen: Anke am Berg
Anleitungsillustrationen (s/w): Fabienne Rieger
Layout, Satz und Gestaltung: Arnold & Domnick, Leipzig
Druck und Bindung: Graspo CZ, Zlín

Gedruckt auf umweltfreundlichem, chlorfrei gebleichtem Papier
Printed in the Czech Republic

ISBN 978-3-451-32375-1

Inhalt

Einführung

»Erzähl mir doch keine Märchen!«, sagen Erwachsene manchmal ein wenig genervt, wenn jemand (häufig ein Kind) eine Geschichte ihrer Meinung nach *zu* fantasievoll ausschmückt, hart an der Grenze zur Lüge. Kinder würden so etwas niemals sagen, ganz im Gegenteil, viel häufiger ist zu hören: »Erzähl doch mal wieder ein Märchen ...!« Kinder lieben es, in die Welt der mutigen oder (anfänglich) schwachen Hauptfiguren einzutauchen und mit ihnen gemeinsam Aufgaben zu lösen oder Prüfungen zu bestehen. Wahrscheinlichkeit ist beim Genuss kein Kriterium. Da gibt es die Armen und die Reichen, die Hässlichen und die Schönen, die Fleißigen und die Faulen – zwischen diesen Polen schreitet die Geschichte voran. Allein kommen die märchenhaften Helden manchmal nicht zum Ziel, doch sie finden treue Helfer, die ihnen aus dem schlimmsten Schlamassel heraushelfen, und am Ende, *da wird immer alles, alles gut.*

Kinder brauchen Märchen

Kinder brauchen Märchen, das ist heutzutage nahezu unumstritten. Aber wie können Märchen im Rahmen frühkindlicher Bildungsprozesse zum Einsatz kommen? Sind Märchen angesichts eines modernen Bildungsbegriffes, der davon ausgeht, dass Kinder kompetent und selbstwirksam die Welt erkunden wollen, überhaupt noch angemessen und aktuell? Denn mit der Welt, der wirklichen Welt, haben die manchmal grausamen Märchen doch nun wirklich gar nichts zu tun, oder?

Märchen wollen nicht über die wirkliche Wirklichkeit informieren, sondern sie erzählen symbolhaft von Wünschen, Sehnsüchten, Ängsten, Schwierigkeiten und Nöten – elementaren Erfahrungen, die auch für Kinder heute von großer Bedeutung sind. Und so lassen sich Kinder immer wieder begeistert auf die magische Formel »Es war einmal ...« ein und betrachten sie als Einladung, eigene Emotionen und Vorstellungswelten handelnd zu entdecken.

Wie Sie Kinder dabei unterstützen können, welche Märchenstoffe geeignet sind, wie die unterschiedlichen Bildungsbereiche im Medium Märchen angesprochen werden können, darum geht es in diesem Buch. Sie finden eine Vielzahl von modernen und kreativen Einsatzmöglichkeiten für Märchenstoffe in Kita und Kindergarten – ob Sie eine Märchenaktionswoche planen oder ein Märchenfest oder ob Sie eine Märchenstunde im Kita-Alltag etablieren möchten.

In jedem Fall ist Ihre Begeisterung eine wichtige Voraussetzung für das Gelingen solcher Aktionen – deshalb lesen Sie noch ein wenig im Vorwort weiter, lassen Sie sich inspirieren und vielleicht bleiben Sie kleben (nicht nur) an der goldenen Gans …

Wie die Märchen entstanden sind

Das Wort »Märchen« ist abgeleitet vom mittelhochdeutschen *maere* – das heißt Kunde, Bericht, Erzählung oder Gerücht. Solche *Maeren* gab und gibt es in allen Kulturen, bei allen Völkern überall auf der Welt: Es sind Geschichten, die von Generation zu Generation weitererzählt wurden und werden – zur Belehrung und/oder zur Unterhaltung. Sie entstammen einer Zeit weit vor der Erfindung des Buchdrucks, als Neuigkeiten, aber auch Wissen und Erfahrungen mündlich weitergegeben wurden.

In Deutschland haben die Brüder *Jacob und Wilhelm Grimm* im 19. Jahrhundert begonnen, solche mündlich überlieferten Geschichten zu sammeln. Im Dezember 1812 und 1815 veröffentlichten sie zwei Bände unter dem Titel »Kinder- und Hausmärchen« – als Zielpublikum waren durchaus Erwachsene vorgesehen (auf diese Sammlung beziehen sich Text und fortlaufende Zahlen der in diesem Band wiedergegebenen Märchen, z. B.: KHM 1). Das »pädagogische Potenzial« der Märchen im Sinne der Zeit – im Hinblick auf die Vermittlung von bürgerlichen Norm- und Wertvorstellungen – erkannte Wilhelm Grimm, der von der zweiten Buchauflage (1819) an die Texte bewusst in diesem Sinne gestaltete. Fortan gehörten die Kinder- und Hausmärchen zur Kinderliteratur.

Als die »Maeren« im 19. Jahrhundert vielerorts – nicht nur in Deutschland – im Medium der Schrift angekommen waren, erkannten viele Schriftsteller, wie fruchtbar es sein könnte, ähnlich fantasievolle Prosa-Geschichten nach Märchen-Muster zu erfinden und es entstanden sogenannte Kunstmärchen. Am berühmtesten sind wohl die Märchen des Dänen *Hans Christian Andersen* (1805–1875); eines seiner berühmtesten Märchen, »Die Prinzessin auf der Erbse«, haben wir auch in diese Sammlung aufgenommen. Wobei Andersen sich nicht als »Kinderdichter« verstanden wissen wollte, war es doch sein Anliegen, auf soziale Ungerechtigkeiten und Missstände in seiner Zeit hinzuweisen.

Welches Märchen für welches Alter?

Eine schwierige Frage? Nein, eigentlich nicht, denn es greift die schlichte Regel: Je jünger das Kind, desto einfacher sollten Inhalt und Struktur des Märchenstoffes sein. Die einfachsten Märchen sind die sogenannten Ein-Motiv-Märchen, mit denen dieses Buch beginnt. Es handelt sich um gradlinig erzählte Geschichten wie »Die Sterntaler« oder »Der süße Brei«. Sie sind schon für Kinder ab 3–4 Jahren geeignet. Ketten-Märchen, im Sinne von *Und-dann-Geschichten* (z. B. »Die Prinzessin auf der Erbse«, »Der Wolf und die sieben jungen Geißlein«, »Hänsel und Gretel«, »Rotkäppchen«) sprechen häufig Kinder von 4–5 Jahren an, da die Handlungsträger überwiegend vermenschlichte Tiere oder Kinder sind. Schachtel-Märchen, bei denen mehrere Hauptmotive ineinandergreifen (z. B. »Der Froschkönig«, »Aschenputtel«, »Dornröschen«, »Schneewittchen«), interessieren Kinder ab 5–6 Jahren, und Helden-Märchen wie »Das tapfere Schneiderlein« oder »Die goldene Gans« sind für Kinder ab 6–7 Jahren geeignet.

Vermittlungsformen von Märchen

Die Kinder- und Hausmärchen der Brüder Grimm, aber auch andere Märchen, gehören sozusagen zum gemeinsamen literarischen Kulturerbe von Erwachsenen und Kindern – obwohl sich die Gelegenheiten zum Märchenerzählen in der Alltagshektik der Familien immer seltener ergeben. Viele Erwachsene erinnern sich an mit bestimmten Märchen verbundene Erzähl- oder Vorlesesituationen und die damit verbundenen angenehmen oder unangenehmen Empfindungen. Nicht nur der Lauf der Handlung, sondern insbesondere mit dem Erzählen verbundene Gewohnheiten und Rituale, die gemütliche Atmosphäre oder die Stimmlage der geliebten Bezugspersonen bleiben in Erinnerung. Denn nicht nur die richtige Märchenauswahl, sondern auch emotionale Beziehungen bzw. die Art der Märchenpräsentation prägen sich ins Gedächtnis ein.

Heute transportiert nicht nur das ‚gewöhnliche' Märchenbuch die Märchenstoffe, auch elektronische Kommunikationsmedien (Radio, Fernsehen, Kino, Tonträger, Bildträger, Computersoftware) intensivieren die Verbreitung der Märcheninhalte. Als Vorlagen dienen dazu meist die Originaltexte, die z. B. als Bildergeschichte oder Comic interpretiert, als Hörspiel bearbeitet, als Real- oder

Zeichentrickfilm adaptiert, in Oper, Musical, Puppenspiel, Theaterstück umgewandelt oder zu animierten Computerspielen umgeformt werden. Die methodisch unterschiedlichen Bearbeitungen geben dabei alten Märchenstoffen oft neue und interessante, manchmal sogar außergewöhnliche Schwerpunkte.

Märchen erzählen und vorlesen

Vorlesen und Erzählen sind eine besondere Form der Kommunikation und Zuwendung zwischen Erwachsenen und Kindern, wobei jede Erzähl- und Vorlesesituation einen Inhalts- wie Beziehungsaspekt besitzt. Der Beziehungsaspekt ist dabei häufig wichtiger als der Inhaltsaspekt. Beim Erzählen/Vorlesen richten sich Nähe und Aufmerksamkeit des Erwachsenen für eine gewisse Zeit nur auf die Kinder, sodass die Kinder die Bezugsperson für sich allein haben. Beide konzentrieren sich aufeinander und auf eine gemeinsame Sache. Insbesondere das Zusammensein zwischen Märchenerzähler/-vorleser und Märchenhörer schafft ein Gefühl der Zugehörigkeit. Technische Medien können diese gefühlvolle Intimität nicht übertragen und vermitteln!

Beim Vorlesen/Erzählen entstehen subjektive, innere Bilder, es beginnt eine Reise in eine Fantasiewelt – wobei auch der stets hoffnungsvolle Grundton der märchenhaften Geschichten die Voraussetzung dafür schafft, diese Entdeckungsreise vertrauensvoll anzugehen. Und in diesem Sinne stärken Märchen das Vertrauen in die Welt und in die eigene Gestaltungskraft – wenn die Rahmenbedingungen stimmen, Anlass und Situation von der pädagogischen Fachkraft bewusst ausgewählt sind.

Kinder, die mit Märchen bereits bekannt sind, suchen sich die Märchenstoffe oft selbst aus und benennen klar, welche sie immer wieder hören möchten und welche nicht. Dabei achten sie auf die wortgetreue Wiedergabe der ersten Erzählfassung. Vom Erzähler darf nichts verändert werden, auch sprechen die Kinder bald Formeln und Verse lebhaft mit.

Nach dem Märchenschluss sollte der Vorleser/Erzähler das Gehörte nicht interpretieren, sondern den Kindern aktiv zuhören, denn die Kinder brauchen einige Zeit und ausreichenden Spielraum, um eigene Deutungen zu finden.

Märchenhören hat sehr förderliche Auswirkungen in Bezug auf Spracherwerb, Wortschatzerweiterung sowie das spätere Leseverhalten. Zum einen ist die Märchensprache ‚anders' als die Umgangssprache: sie zeichnet sich aus durch einen ungewöhnlichen, manchmal altertümlichen Wortschatz, der Satzbau ist teilweise komplex – das sind Herausforderungen, aber auch wichtige Erfahrungen für Kinder. Darüber hinaus stimulieren das Nacherzählen des Inhaltes, die Wiederholung der Reimformeln und der schöpferische Umgang mit Sprache in hohem Maße die kindliche Sprechfreude.

»Die Märchenstunde«

Kinder fordern und genießen besonders die »ritualisierten Märchenstunden«, wobei ihre Lust an der Wiederholung nicht nur auf die Märcheninhalte bezogen ist, sondern auch auf die Vorahnung von Gefühlen – wie z. B. der Wandel von Furcht in Wohlbehagen, von Angst in Hoffnung und Freude. Eine Märchenstunde sollte nicht dazu dienen, Zeit zu überbrücken – zum Beispiel kurz vorm Abholen der Kinder. Eine Märchenstunde bedarf einiger Aufmerksamkeit und eines gewissen Rahmens, denn immerhin geht es um eine Reise ins Land der Fantasie, die da gemeinsam unternommen wird. Die atmosphärische Umrahmung der Märchenstunde trägt dazu bei, Kindern ein emotional positives Märchenerlebnis zu ermöglichen. Dazu gehören beispielsweise Ruhe und ausreichend Zeit sowie eine bequeme Sitzposition – das sorgt für entspannte Ausdauer, denn immerhin muss man eine mehr oder weniger lange Zeit konzentriert zuhören. Gedämpfte Lichtverhältnisse unterstützen eine märchenhafte Spannung ebenso wie der anregend dekorierte Raum, z. B. Teelichter (= Märchenlicht), Aromalampe (= Märchenduft), luftig-farbige Stoffe (= Märchenstoff).

Ein spielerisch gestalteter, ritualisierter Eintritt ins Märchenland bleibt dabei den Kindern in unvergesslicher Erinnerung. Zur Einstimmung liegen z. B. symbolische Märchen-Gegenstände verborgen unter einem leichten Tuch, die von den Kindern getastet und geraten werden, z. B.: *Kieselsteine = Hänsel und Gretel; Henkeltopf = Der süße Brei.* Zum Abschluss der Märchenstunde assoziieren die Kinder Gegenstand und Märcheninhalt.

Manchmal stellen ruhiges Sitzen und passives Zuhören bei Märchenstunden hohe Anforderungen an Kinder. Die angespannte Konzentration, das Gehörte aufzunehmen und zu verstehen, verhindert zunächst, dass Kinder sich handelnd ausleben können. Direkt im Anschluss an das Gehörte teilen sie spontan ihre Eindrücke und momentane Befindlichkeit mit. Beflügelt von ihrer Fantasie spinnen sie später jedoch gern die Geschichte weiter und verwerten Erlebtes in ihren Spielhandlungen. Geben Sie den Kindern Gelegenheiten dazu!

Märchen spielerisch erleben

Entsprechend ihrer typischen Ausdrucksmöglichkeiten erhandeln sich Kinder ihre Märchenwelt auf spielerische Weise.

Das vorliegende »Märchenbuch« stellt zwölf bekannte Volksmärchen mit einer Vielzahl von Spiel- und Aktionsmöglichkeiten vor, die in allen Schwerpunktbereichen der Elementarpädagogik einsetzbar sind:

- Im Bereich der **Sprachförderung** bieten Erzählspiele, Märchenverse, Rätselreime oder märchenhafte Inszenierungen Möglichkeiten den kindlichen Wortschatz mit »literarischer« Sprache zu bereichern, Wortbedeutungen und Sinnzusammenhänge zu erfassen sowie kommunikative Kompetenzen zu erwerben und auszuweiten.
- Im Bereich der **Kreativität** findet das Kind ganz eigene Ausdrucksformen, das Gehörte umzusetzen. Es malt oder gestaltet Märchenfiguren oder Szenen, von denen es beeindruckt ist. Es setzt sich mit neuen bzw. ungewöhnlichen Materialien und Techniken auseinander, um z. B. Requisiten für ein Rollenspielmärchen herzustellen.
- Im Bereich der **Bewegungserziehung** haben die Kinder die Möglichkeit, ganz spielerisch beim Laufen, Fangen, sich Verstecken die Rolle einer Märchenfigur oder ihres Gegners zu übernehmen.
- **Musikalische Förderung** bieten Sing-, Kreisspiele oder Spiellieder mit Märchenthemen. Hier haben bereits jüngere Kindern die Gelegenheit, kleine Rollen zu übernehmen (ohne das Originalmärchen zu kennen).
- Märchenhafte Speisen können bei einem Märchenfest zum Einsatz kommen. Aber die jeweils thematisch abgestimmten **Koch- und Backrezepte** eignen sich auch zur sinnlichen Einstimmung auf ein Märchen oder zur Vertiefung eines Märchenerlebnisses. Während der Zubereitung können passende Märchenverse gesprochen werden und bei der gemeinsamen Mahlzeit erzählen die Kinder oder der Erwachsene das Märchen.

Märchen bergen geheimnisvolle Schätze in sich! Begeben Sie sich mit Ihren Kindern auf eine märchenhafte Entdeckungsreise!

Brigitte vom Wege   Mechthild Wessel

Die Sterntaler (KMH 153)

Das recht kurze Märchen erzählt von einem Mädchen, das erst auf die Bedürftigkeiten anderer und armer Menschen eingeht, bevor es seine eigenen Bedürfnisse beachtet. Für diese beispielhafte Haltung wird es im Märchen großzügig belohnt.

Märchentext zum Vorlesen

Die Sterntaler

Es war einmal ein kleines Mädchen, dem war Vater und Mutter gestorben, und es war so arm, dass es kein Kämmerchen mehr hatte, darin zu wohnen, und kein Bettchen mehr, darin zu schlafen, und endlich gar nichts mehr als die Kleider auf dem Leib und ein Stückchen Brot in der Hand, das ihm ein mitleidiges Herz gegeben hatte. Es war aber gut und fromm. Und weil es so von aller Welt verlassen war, ging es im Vertrauen auf den lieben Gott hinaus ins Feld. Da begegnete ihm ein armer Mann, der sprach: »Ach, gib mir etwas zu essen, ich bin so hungrig.« Es reichte ihm das ganze Stückchen Brot und sagte: »Gott segne dirs«, und ging weiter. Da kam ein Kind, das jammerte und sprach: »Es friert mich so an meinem Kopfe, schenk mir etwas, womit ich ihn bedecken kann.« Da tat es seine Mütze ab und gab sie ihm. Und als es noch eine Weile gegangen war, kam wieder ein Kind und hatte kein Leibchen an und fror: da gab es ihm seins; und noch weiter, da bat eins um ein Röcklein, das gab es auch von sich hin. Endlich gelangte es in einen Wald, und es war schon dunkel geworden, da kam noch eins und bat um ein Hemdlein, und das fromme Mädchen dachte: »Es ist dunkle Nacht, da sieht dich niemand, du kannst wohl dein Hemd weggeben«, und zog das Hemd ab und gab es auch noch hin. Und wie es so stand und gar nichts mehr hatte, fielen auf einmal die Sterne vom Himmel, und waren lauter harte blanke Taler: und ob es gleich sein Hemdlein weggegeben, so hatte es ein neues an, und das war vom allerfeinsten Linnen. Da sammelte es sich die Taler hinein und war reich für sein Lebtag.

Fragen zum Gespräch mit den Kindern

- *Warum ist jemand so arm, dass er keine Wohnung, keine Kleidung und nichts zu Essen hat?*
- *Was denkst du, gibt es auch arme Kinder? Woran erkennst du sie?*
- *Wenn du einen Bettler siehst, was tust du dann?*

Spiele und Lieder

Sternenputzer Bewegungsspiel

Material: *Tuch*

Die Spieler laufen im Kreis umher. Ein Spieler sitzt als Sternenputzer oder Sternputzerin mit einem Sternenputztuch in der Kreismitte. Alle singen zu einer Leiermelodie:

Wir wollen zu den Wolken gehn,
um Sternenstaub zu holen,
doch darf der Putzer gar nichts sehn,
sonst wird er uns schnell holen.
Um eins kommt er nicht,
um zwei/drei/vier/fünf/sechs/sieben/acht/neun/zehn kommt er nicht,
um elf da pocht er,
um zwölf da kommt er.

Bei »um zwölf, da kommt er«, steht der Sternenputzer auf und versucht, einen Spieler zu fangen oder mit seinem Tuch zu berühren. Dieser ist in der nächsten Spielrunde der Sternenputzer.

Sternenfänger Fangspiel

Material: *pro Spieler 4 Papp-Sterne, Wäscheklammern*

Die Mitspieler heften sich je vier Sterne mit Wäscheklammern an die Kleidung (Schulter) und bewegen sich in einem abgegrenzten Raumbereich. Nur der

Sternenfänger hat keinen Stern, er versucht nun, sich vier Sterne von den anderen Spielern zu holen. Wenn es ihm gelungen ist, vier Sterne zu beschaffen, ist die Spielrunde beendet und der nächste Sternenfänger wird durch einen Vers bestimmt.

Abzählvers

Eins, zwei, drei vier –
Himmelssterne stehen hier.
Sie leuchten hell an diesem Ort,
fange sie und lauf dann fort.
(Autorinnen)

Drei Sterntaler Legespiel

Material: *3 Sterne und 3 Taler (aus Goldfolie anfertigen)*

Je zwei Spieler erhalten drei Sterne und drei Taler als Spielsteine. Das Spielfeld besteht aus neun Quadraten, die mit einem Stock in die Erde, in den Sand oder Schnee geritzt werden. Die Spieler setzen nun abwechselnd eines der Stücke beliebig auf das Spielfeld. Der Gewinner ist, wer als Erster drei Sterne oder Taler in einer waagerechten, senkrechten oder diagonalen Reihe abgelegt hat.

Sterntalerspiel Würfelspiel

Material: *weiße und goldfarbene Knöpfe, Punktewürfel*

Im Spielkreis steht ein Korb mit den Knöpfen. Die Spieler würfeln reihum und nehmen entsprechend der gewürfelten Punktzahl Knöpfe aus dem Korb. Gewinner ist, wer zum Schluss die meisten Knöpfe hat.

Sterntransport Geschicklichkeitsspiel

Material: *Schale mit ca. 50 gelben Seidenpapierschnipseln, pro Spieler ein Trinkhalm und eine leere Schale, Eieruhr*

Die Schale mit den Seidenpapierschnipseln (»Sternen«) in die Mitte des Tisches stellen, die leere Schalen daneben stellen. Der älteste Mitspieler beginnt. Er saugt mit dem Trinkhalm einen »Stern« an und legt ihn in die leere Schale. Wenn ihm ein Stern herunterfällt, ist der Nächste dran.

Variante: Zunächst die Eieruhr in Gang setzen, dann das Spiel starten. Die Sterne müssen nun schnell von einer Schale in die andere Schale transportiert werden.

Weißt Du wie viel Sternlein stehen Schlaflied/Spiellied

Melodie: überliefert, Text: Wilhelm Hey (1789–1854)

2. Weißt du wie viel Mücklein spielen
in der heißen Sonnenglut.
Wie viel Fischlein auch sich kühlen
in der hellen Wasserflut.
Gott, der Herr, rief sie mit Namen,
dass sie all' ins Leben kamen,
dass sie nun so fröhlich sind,
dass sie nun so fröhlich sind.

3. Weißt du wie viel Kinder frühe
steh'n aus ihrem Bettlein auf,
dass sie ohne Sorg und Mühe
fröhlich sind im Tageslauf.
Gott im Himmel hat an allen
seine Lust, sein Wohlgefallen.
Kennt auch dich und hat dich lieb,
kennt auch dich und hat dich lieb.

Das Lied singen und zum Text passende gestisch-mimische Bewegungen ausführen.

Kreative Gestaltung

Sterne falten

Material: *Verschieden große Quadrate aus Glanzfolienpapier, Schreibpapier, Tonpapier, Schere, Klebstoff, Nähnadel, Faden*

Faltsterne eignen sich als Tischschmuck, zum Aufhängen, als Geschenkanhänger oder auch zum Verschenken.

1. Quadrat zum Dreieck falten, öffnen
2. Quadrat drehen, ein Dreieck falten, öffnen
3. die Faltlinien gegeneinander drücken, die Mitte erhebt sich

Variante:

1. Schritt 1–2 wiederholen
2. Dreieck falten, zur Hälfte einschneiden (2 x), öffnen
3. Einschnitt-Dreiecke an die spitze Faltlinie falten (8 x)
4. Sternzacken ausformen

Märchenvers

Leuchte kleiner Stern,
im Dunkeln scheint dein Licht,
woher, ich weiß es nicht.
Es scheint so nah und doch so fern.
Ich weiß nicht, wie du heißt,
wo du auch immer seist.
Und bist auch noch so fern:
Leuchte, leuchte kleiner Stern.
(nach einem irischen Kinderlied)

Sternengucker

Material: *1 leere Toilettenpapierrolle, Geschenkpapier, 2 Stücke Klarsichtfolie, Dekosterne, Bleistift, Schere, Klebstoff*

Auf ein Ende der Toilettenpapierrolle Klebstoff auftragen und auf ein glatt gestrichenes Stück Klarsichtfolie stellen. Die Folie auf die Klebefläche drücken, anschließend die Sterne in die Rolle schütten. Das andere Ende der Rolle ebenfalls mit Klebstoff und Klarsichtfolie verschließen. Die Rolle auf die Rückseite des Geschenkpapiers legen. Die Länge der Rolle mit Bleistift markieren und ein entsprechend großes Stück ausschneiden. Die Rolle mit Klebstoff bestreichen und in das Geschenkpapier wickeln.
Fertig ist der Sternengucker, der durch Drehen vor dem Auge immer neue Sternenkonstellationen zeigt.

Sternenhimmel

Material: *gelbe und weiße Wachsmalstifte, weißes Zeichenpapier, Pinsel, hellblaue Wasserfarbe*

Einen Sternenhimmel mit den Wachsmalstiften auf das weiße Papier malen. Anschließend mit dunkelblauer Wasserfarbe überpinseln. Der vorher fast unsichtbare Sternenhimmel wird sichtbar.

Variante: Farbige Stifte für Konturen benutzen.

Sterntaler-Mobile

Material: *24 CD-Scheiben, goldene oder gelbe Farbe, 1 Holzstab oder eine glatte Astgabel, Goldband, 24 Helferkarten (auf jeder Karte steht eine Aufforderung für eine Tätigkeit, z. B. Blumen gießen, Vorlesegeschichte aussuchen, Frühstückstee austeilen, o. Ä.), 24 Streichholzschachteln o. ä. Schachteln, Goldfolienreste und Klebstoff zum Bekleben der Schachteln*

Die CD-Scheiben mit goldener oder gelber Farbe anmalen. Nach dem Trocknen die Scheiben in unterschiedlicher Länge an die Astgabel knoten. Die Astgabel im Raum aufhängen. In die gestalteten Schachteln die Helferkarten legen, einen Faden um die Schachtel binden und das Ende des Fadens an eine CD-Scheibe knoten.

Sternkerzen gießen

Material: *Kerzenreste, leere Konservendose, Docht, Stern-Ausstechform, Resopalbrettchen, Löffel*

Herstellung: Die Kerzenreste in Stücke schneiden, den Docht entfernen. Wachsreste in die Konservendose geben und diese im Wasserbad auf dem Herd schmelzen (Achtung! Das Wachs darf nicht kochen). Die Ausstechform auf das Resopalbrett legen, mit einer Hand festhalten und zwei Löffel flüssiges Wachs einfüllen, abkühlen lassen. Danach die Form mit weiterem Wachs löffelweise auffüllen. In das noch weiche Wachs den vorbereiteten (ca. 3,5 cm langen) Docht stecken und so lange festhalten, bis er nicht mehr umkippt. Wenn das Wachs völlig fest ist, die Formen vorsichtig vom Brett lösen, den Docht festhalten und die Form kurz in heißes Wasser halten. Sie lässt sich jetzt leichter vom Wachs lösen.

Sterntaler-Marionette

Material: *glatter, gerader Ast (ca. 25 cm lang), Watte, 1 weißes dünnes Tuch (ca. 40 x 40 cm), weiß-graue Wolle, Bindfaden, schwarzer Filzstift, Klebstoff, Goldpapier für Sternchenapplikationen*

Durch die Mitte des Tuches ein Stück Bindfaden (ca. 15 cm) ziehen. Watte zu einer festen, tennisballgroßen Kugel formen und in die Mitte des Tuches legen. Das Tuch um die Kugel legen (bildet den Marionettenkopf) und mit einem Bindfaden (ca. 10 cm) abbinden, das Fadenende verknoten. Die zwei gegenüberliegenden Ecken des Tuches mit einem Faden abbinden (ca. 20 cm), sie bilden die Arme. Die drei Fadenenden an den Ast knoten. Nun mit dem Filzstift ein Gesicht aufzeichnen, Wollhaare aufkleben und kleine Sterne auf das Kleid kleben.

Sternschnuppen

Material: *Kastanien, gelbe Stoffstreifen oder Schleifenband, Holzbohrer, Häkelnadel*

Mit dem Holzbohrer ein Loch durch die Kastanie bohren. Mit der Häkelnadel drei bis vier Stoffstreifen oder Schleifenband (ca. 1,5 x 50 cm) durch das Loch ziehen und miteinander verknoten. Die Sternschnuppen nacheinander in die Luft werfen, die Streifen flattern wie der Schweif der Sternschnuppe.

Sterne zählen Legespiel

Material: *6 Grundkarten in Wolkenform (ca. 15 x 10 cm), 36 Spielkarten ebenfalls in Wolkenform (ca. 5 x 5cm)*

Vorbereitung: Die sechs großen Karten mit einem schwarzen Stift in je 9 Teile unterteilen. Mit Farbstiften identische 1–9 Sterne auf je eine Grundwolke und 6 Spielwolken zeichnen.

Spielverlauf: Die Grundkarten an die 2–6 Teilnehmer verteilen. Die Spielkarten mischen und verdeckt als Stapel in die Mitte legen. Nacheinander decken die Spieler eine Karte auf, zählen die Sterne und ordnen sie der eigenen Grundkarte oder einer anderen passenden Grundkarte zu.

Sterntalerschnitt/Starschnitt Gestaltungsspiel

Material: *weiße Fotokartonstücke (10 x 20 cm), weißes Tonpapier, Schere, Buntstifte*

Auf Fotokarton eine Figur zeichnen und ausschneiden. Die Figur auf das Tonpapier legen, mehrere Umrisse der Figur zeichnen. Aus jedem Umriss ein Kleidungsstück (z. B. Hose, Mütze, ...) bestimmen und wie in den Skizzen kleine Halterungen an das Kleidungsstück zeichnen, anschließend das Stück ausmalen und ausschneiden.

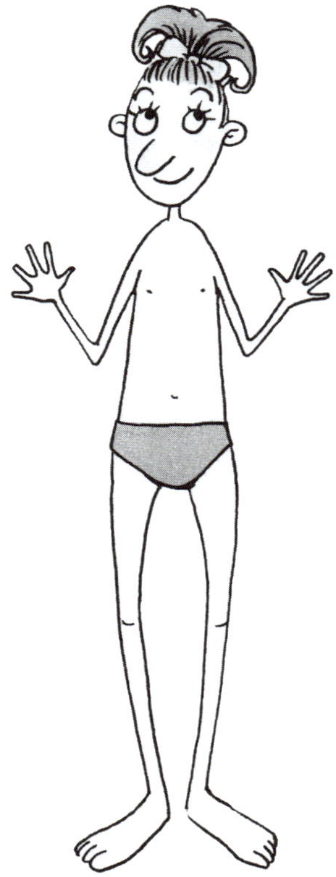

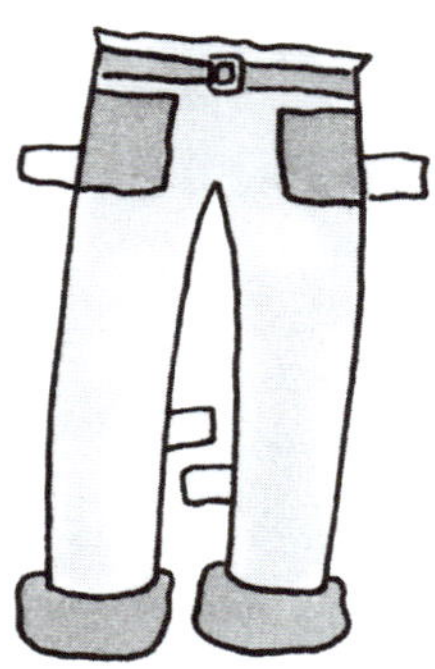

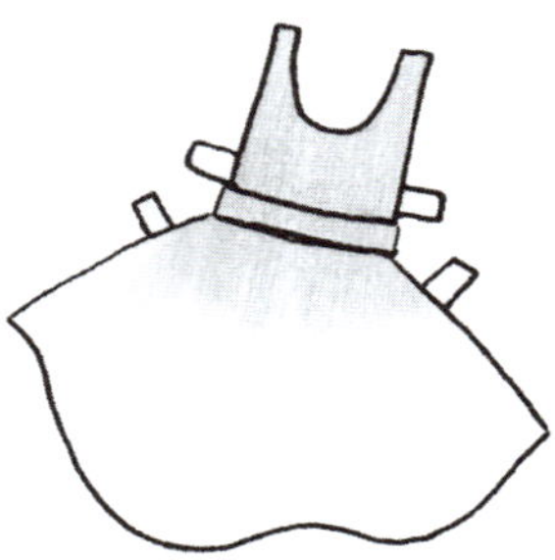

Rezepte zum Sterntalerfest

Sterntalertee

Zutaten: *1 Filterbeutel Rotbuschtee, 1 l Apfelsaft, 1 Zimtstange, 1 Gewürznelke, 1 Zitrone, 2 Orangen*

Den Apfelsaft mit der Zimtstange und Gewürznelke erhitzen (nicht kochen), Rotbuschtee und den ausgepressten Zitronen-/Orangensaft hinzufügen, kurz ziehen lassen. Anschließend Zimtstange, Gewürznelke und Teebeutel entfernen und noch warm servieren.

Sterntalerkekse

Zutaten *(für 45 Plätzchen): 200 g gemahlene Mandeln, 200 g Zucker, 200 g Mehl, 200 g Butter, 6 Eigelb, 1 Prise Salz, 1TL Zimt, ca. 45 Oblaten (4 cm)*

Mandeln und Zucker vermischen. Danach Mehl, Butter, Eigelb, Salz und Zimt unterkneten. Kleine Menge auf Oblaten setzen und bei 200°C etwa 20 Minuten backen.

Der süße Brei (KHM 103)

Ausgangspunkt des Märchens ist der Hunger, den viele Menschen zu der damaligen Zeit erleiden mussten. Ihnen blieben häufig nur Wunschvorstellungen, Träume oder der Glaube an magische Kräfte, um ihren Hunger zu vergessen.

Da Süßes eine unerschwingliche Kostbarkeit war, machte die natürliche Süße der gekochten Hirsekörner den Brei in der Vorstellung besonders wünschenswert, und die enorme Quellfähigkeit der Hirse versprach darüber hinaus außerordentliche Sättigung. Das kochende Gefäß der alten Frau ist die helfende Wundergabe, die nur von einem Kind beherrscht wird – eine Lektion dafür, dass Kinder in ihrem Urvertrauen den höheren Kräften viel näher sind als Erwachsene.

Märchentext zum Vorlesen

Der süße Brei

Es war einmal ein armes, frommes Mädchen, das lebte mit seiner Mutter allein, und sie hatten nichts mehr zu essen. Da ging das Kind hinaus in den Wald, und begegnete ihm da eine alte Frau, die wusste seinen Jammer schon und schenkte ihm ein Töpfchen, zu dem sollt es sagen: *»Töpfchen, koche«*, so kochte es guten Hirsebrei, und wenn es sagte: *»Töpfchen, steh«*, so hörte es wieder auf zu kochen. Das Mädchen brachte den Topf seiner Mutter heim, und nun waren sie ihrer Armut und ihres Hungers ledig und aßen süßen Brei, sooft sie wollten. Auf eine Zeit war das Mädchen ausgegangen, da sprach die Mutter: *»Töpfchen, koche«*, da kochte es, und sie isst sich satt; nun will sie, dass das Töpfchen wieder aufhören soll, aber sie weiß das Wort nicht. Also kocht es fort, und der Brei steigt über den Rand hinaus und kocht immerzu,

die Küche und das ganze Haus voll, und das zweite Haus und dann die Straße, als wollt's die ganze Welt satt machen, und ist die größte Not, und kein Mensch weiß sich da zu helfen. Endlich, wie nur noch ein einziges Haus übrig ist, da kommt das Kind heim, und spricht nur: *»Töpfchen, steh«*, da steht es und hört auf zu kochen; und wer in die Stadt wollte, der musste sich durchessen.

Fragen zum Gespräch mit den Kindern

- *Was würde passieren, wenn eure Straße ganz mit Brei verstopft wäre?*
- *Ist bei euch zu Hause auch schon einmal etwas übergekocht?*
- *Stellt euch vor, eure Stadt wäre voll Brei. Was würdet ihr tun?*
- *Was wäre passiert, wenn das Mädchen das Zauberwort vergessen hätte?*

Spiele und Lieder

**Es kocht ein Topf viel Hirsebrei,
aus welchem Märchen er wohl sei?**

Brei kochen Fingerspiel

Ihr Kinder kommt herbei! Wir kochen einen Brei!	*Mit beiden Händen Lockbewegungen machen,*
Der Topf, der ist schon hier,	*linke Hand als »Topf« beugen,*
den Löffel holen wir.	*die andere hält einen imaginären »Löffel«,*
Die Milch nun in das Töpfchen – verschüttet mir kein Tröpfchen!	*rechte Hand macht Gießbewegung in die linke geöffnete Hand,*
Das Feuer lasst uns schüren und schnell die Milch umrühren.	*Rührbewegungen machen,*
Gleich kocht sie uns schon über, drum zieht das Töpfchen rüber.	*die rechte Hand zieht die linke zur Seite,*
Den Zucker tut hinein	*Schüttbewegung,*
und rührt die Hirse ein.	*Rührbewegung,*
Rosinen für die Schlecker,	*Streubewegung,*
wie schmeckt der Brei so lecker!	*Hand kreist über den Bauch.*

Hilfe, der Brei kocht über Reaktionsspiel

Die Kinder sitzen im Stuhlkreis, ein Stuhl weniger als Spielteilnehmer. Ein Mitspieler verlässt den Raum. In der Zwischenzeit wird ein Mitspieler bestimmt, der ruft: »Hilfe, der Brei kocht über!« Der wartende Mitspieler kehrt zurück und fragt nun reihum: »Was kochst du heute?« Worauf die Kinder selbst erdachte Speisen nennen. Kommt er zu dem Mitspieler, der ruft, »Hilfe, der Brei kocht über!«, springen alle auf und suchen sich einen neuen Sitzplatz. Da der Spieler in der Mitte ebenfalls versucht, einen Platz zu bekommen, bleibt ein Spieler übrig, der die nächste Spielrunde wieder mit der Frage »Was kochst du heute?« beginnt.

Wir kochen Brei Spiellied

Text: Autorinnen, Melodie: überliefert

Alle Kinder gehen im Kreis und singen den Refrain. Bei den einzelnen Strophen bleiben sie stehen und führen Bewegungen passend zum Text aus. Dabei wird jeweils der Text und die Bewegung aus der vorhergehenden Strophe wiederholt:

Refrain:
Wir kochen einen Hirsebrei-brei-brei,
wer nicht mitmacht, nicht mitmacht,
dem bringen wir es bei, ja, bei.

Aufgepasst, jetzt geht's los
Milch hinein.

Zeigefinger heben,
aus der Hocke in den Stand kommen,

Refrain: Wir kochen …

2. Aufgepasst, jetzt geht's los
   Milch hinein, Hirse fein.

aus der Hocke in den Stand kommen,
Rührbewegung,

Refrain: Wir kochen …

3. Aufgepasst jetzt geht's los,
   Milch hinein, Hirse fein,
   Honig muss sein.

… Zunge schleckt,

Refrain: Wir kochen …

4. Aufgepasst jetzt geht's los,
   Milch hinein, Hirse fein,
   Honig muss sein, jetzt haut rein.

… Essbewegung

Körner und Kerne tasten Tastspiel

Material: *5–10 Schalen mit verschiedenen Körnern, z. B. Weizen, Roggen, Hafer, Hirse, Leinsamen, Buchweizen, Hartweizengrieß, Haferflocken, Mais, Sonnenblumenkerne, Reis; Augenbinde*

Alle Mitspieler sehen, tasten, schmecken und riechen die unterschiedliche Beschaffenheit der Körner und Kerne. Ein Spieler schließt die Augen oder bekommt sie verbunden, mit der Aufgabe, eine ihm gereichte Körnersorte zu erraten.

Breisorten schmecken Schmeckspiel

Material: *mehrere Breisorten, z. B. Grießbrei, Milchreis, Hirsebrei, Buchweizengrütze, Haferbrei (Rezepte s. S. 32), mehrere Probierschälchen, Löffel, dunkle Sonnenbrille*

Die Kinder probieren alle zur Verfügung stehenden Breisorten, beschreiben ihren Geschmack und benennen sie. Danach setzt ein Spieler eine Sonnenbrille auf, mit der Aufgabe, einen bestimmten Brei nur durch Schmecken zu erraten.

Variante: Die fertigen Breis den Körnern zuordnen, aus denen sie hergestellt wurden.

Kreative Gestaltung

Märchenwelt gestalten

Material: *Märchentruhe oder -schatulle mit folgenden Requisiten: 2 Häuser (z. B. Modelleisenbahn, Playmobil), 3 Spielfiguren: Mutter, Mädchen, alte Frau; 1 Topf; verschiedene Bäume; Watte oder weiße Märchenwolle; Tuch als Untergrund; Triangel oder Glockenspiel (Häuser und Spielfiguren können auch mit den Kindern selbst hergestellt werden, z. B. aus Pappkartons, Naturmaterial und Knete oder Ton)*

Die Kinder sitzen im Kreis. Die Märchentruhe steht in der Mitte. Als Eingangsritual zu dieser »Märchenstunde« wird mit den Kindern der folgende Vers gesprochen und mit selbst erfundenen Gesten bzw. Bewegungen unterstützt:

Hinter sieben blauen Bergen
liegt ein fernes weites Land.
Hexen, Riesen, Feen, Zwerge
wohnen hier im Märchenland.
Wunder können wir erleben,
in dem Land der Fantasie
und auf Märchenwolken schweben,
klingt die Zaubermelodie.
(Autorinnen)

Nach dem Wort »Zaubermelodie« wird ein Triangel oder Glockenspiel angeschlagen, die Märchentruhe geöffnet und das Tuch ausgebreitet.
Die Spielleitung beginnt mit der Erzählung des Märchens. Dem Fortgang des Geschehens entsprechend bauen die Kinder die Spielfiguren auf und ab, wenn sie nicht nochmals auftreten, werden sie zurück in den Märchenkoffer gelegt. Die Erzählerin sollte sich sehr eng an die Textvorgabe des Märchens halten.

Zum Ende des Märchens bleibt das Schlussszenario einige Zeit stehen, sodass alle Beteiligten es verinnerlichen können.
Danach bietet es sich an, alle Requisiten wieder in der Truhe/Schatulle zu verstauen, sie zu schließen und vielleicht sogar wegzustellen.

Breischälchen töpfern

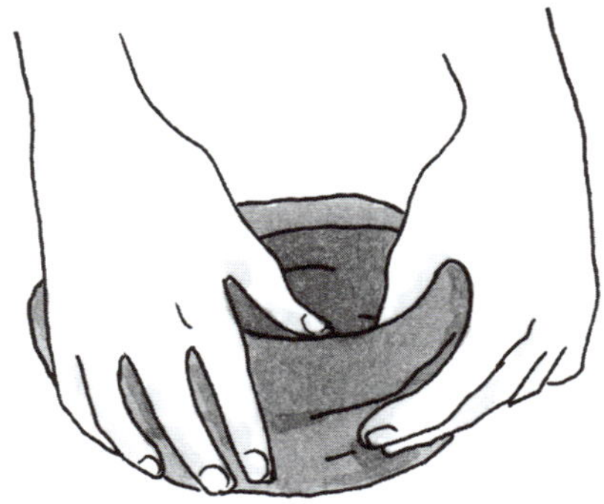

Material: *rotbrennender Ton, Zeitungspapier als Unterlage, Nylonschlinge, Rundholz, Brennofen*

Jedes Kind erhält eine dünne Tonscheibe (mit der Nylonschlinge vom Tonblock abschneiden), aus der es eine Kugel formt. Danach mit den Händen auf der Tischplatte eine Walze rollen, aus der ein möglichst gleichmäßig starker Wulst entsteht. Dieser Wulst wird spiralförmig bis zur gewünschten Größe des Bodenstücks gelegt, die Scheibe mit den Fingern auf beiden Seiten glatt verstreichen. Danach beginnt der Aufbau. Den Wulst am Rand der Scheibe aufsetzen und fortlaufend spiralförmig in die Höhe führen, wobei der neue Wulst einfach am Ende des alten angesetzt wird. Wie beim Bodenstück auch die Wülste der Wandung innen und außen glatt verstreichen.
Kleine Breischälchen, sogenannte *Daumenschälchen,* können auch nach einem anderen Verfahren hergestellt werden: Dabei wird die Tonkugel gleichmäßig mit Daumen und Zeigefinger von innen und außen zu einer Schale gedrückt.

Nach der Herstellung müssen die Schalen langsam trocknen. Sobald sie lufttrocken sind, kann ein Schrühbrand in einem Brennofen bei 1100°C erfolgen, der den Ton wasserundurchlässig macht. Um Tongefäße wasserdicht zu bekommen, sollte danach noch ein Glasurbrand erfolgen, wobei die Schalen mit einer bleifreien, transparenten Glasurmasse überzogen werden.

Rätsel

**Ein Töpfchen konnte nicht mehr stoppen,
es wollte nur noch kochen, kochen, kochen.**

Feuerstelle bauen mit Hilfe der Erwachsenen

An einer geeigneten Stelle im Außenbereich des Kindergartens wird mit einer Schaufel eine flache Mulde ausgehoben und mit Steinen begrenzt. Seitlich drei stabile Äste in den Boden stecken und oben mit einem Draht verbinden. Von den Kindern gesammeltes trockenes Holz (Rindenstücke, Äste, Birke, Buche, Eiche, evtl. auch Holzkohle) aufschichten und ein Feuer entfachen. Ist das Feuer etwas heruntergebrannt, wird ein Metallkessel (Gusseisen, Blech) mit Henkel an einer Kette über das Feuer gehängt. In diesem Kessel kann z. B. eine Gemüsesuppe oder Hirsebrei (Rezepte s. S. 32 f.) gekocht werden. Legt man flache Natursteine an den inneren Rand der Feuerstelle, so werden diese von der Glut aufgeheizt, und die Kinder können später darauf Fladenbrot backen.

Tipp: Es dauert relativ lange, ein Suppe oder einen Brei über dem offenen Feuer zu garen – für jüngere Kinder vielleicht zu lange. Kocht man die Speisen auf dem Herd zu Hause vor, kann die Wartezeit erheblich verkürzt werden.

Süße Breirezepte

Gerade das Märchen »Der süße Brei« bietet sich an, Kindergartenkindern begreifbar zu machen, dass den Menschen vor vielen hundert Jahren noch nicht alle Nahrungsmittel zur Verfügung standen und viele Teile der Bevölkerung hungern mussten. Ihnen blieb häufig nichts anderes als Wunschvorstellungen, Träume oder das Erzählen von Märchen, um ihren Hunger zu vergessen.
Die alltägliche Kost der einfachen Leute bestand überwiegend aus Brot, Wasser, Bier und einer Brei- oder Suppenspeise, die immer wieder in einem Kessel über dem Feuer aufgekocht wurde. An Festtagen briet man hin und wieder ein Schwein oder ein Kaninchen am Spieß über dem offenen Feuer, Wurst bzw. Bratwürste waren unbekannt. Der Kessel blieb bis zum 18. Jahrhundert das wichtigste Küchengerät und diktierte die Zubereitungsart der meisten Speisen wie Fleisch- oder Gemüsesuppe, Grütze oder Milch-, Getreidebrei.
Um ein mittelalterliches Mahl nachzuempfinden, draußen an einem langen Holztisch für jedes Kind ein selbst getöpfertes Breischälchen mit einem Holzlöffel decken. Bienenwachskerzen und Wildblumen schmücken die Tafel. Der Brei wird aus dem Kessel über der offenen Feuerstelle ausgeteilt.

Buchweizengrütze

Zutaten: *1 l Milch, 1 Prise Salz, 125 g Buchweizen, 20 g Butter, Rübensirup oder Honig*

Den Buchweizen mit heißem Wasser abspülen. Die Milch mit der Prise Salz kurz aufkochen lassen und dann den Buchweizen dazugeben. Das Ganze 20 bis 25 Minuten unter ständigem Rühren köcheln lassen (Achtung: setzt leicht an!). Der fertigen Grütze, je nach Geschmack, Butter, Honig oder Zucker hinzufügen (Zucker wurde allerdings im Mittelalter nicht verwendet).

Hirsebrei

Zutaten: *2½ Tassen Hirse, 8 Tassen Milch, 1 MSP Salz, 2 MSP Zimtpulver, 2 EL Ahornsirup oder Honig, 1 EL Butter, Apfelmus oder anderen Fruchtmus, 1 EL gehobelte Mandeln*

Milch erhitzen, die Hirse hineinstreuen, aufkochen, Salz und Zimt dazugeben und auf kleiner Flamme etwa 20 Minuten ausquellen lassen. Mit dem Ahornsirup oder Honig süßen und mit einem Stück Butter und Fruchtmus servieren.

Getreidebrei

Zutaten: *400 g grob geschrotetes Getreide, z. B. Weizen, Roggen Hafer, Dinkel oder Hirse (aus dem Reformhaus oder Bio-Laden), 400 ml Wasser, 4 Handvoll heimische Kräuter und Gemüse oder Honig und Obst der Saison*

Getreideschrot in einem Topf mit dem Wasser kurz aufkochen und ungefähr 10 Minuten bei geschlossenem Deckel quellen lassen.
Um den Getreidebrei herzhafter zu machen, mit Salz, Pfeffer, einer Handvoll frischen Kräutern und geraspeltem Rohgemüse würzen oder als süße Variante mit Honig und klein geschnittenem Obst der Saison verfeinern.

Grießbrei

Zutaten: *1 l Vollmilch, 120 g Weizengrieß, 1 EL Butter, 1–2 Eigelb, 1–2 EL Zucker oder Honig, 1–2 Päckchen Vanillezucker, 1 Prise Salz*

Butter und die Milch aufkochen. Grieß, Salz, Zucker und Vanillezucker mit dem Schneebesen schnell einrühren und den Topf vom Herd nehmen. Das Ganze eindicken lassen. Wahlweise das Eigelb unterziehen.

Milchreis

Zutaten: *0,5 l Milch, Salz, 10 g Butter, ½ Vanilleschote, 1 TL Zitronenschale, 30 g Zucker, 125 g Milchreis, 50 g Butter, 30 g Zucker, 1 TL Zimt*

Milch in einen Topf geben. Eine Prise Salz, Butter und eine halbe aufgeschnittene Vanilleschote zufügen. Eine unbehandelte Zitrone dünn schälen und die Schale in die Milch legen. Zucker zufügen und die Milch zum Kochen bringen. Milchreis in die kochende Milch geben und unter Rühren einmal kurz aufkochen. Temperatur auf die niedrigste Stufe stellen. Einen Deckel auf den Topf legen und den Milchreis ca. 40 bis 45 Minuten, je nach Korngröße, ausquellen lassen. Während der Zeit den Deckel nicht öffnen. Zitronenschale und Vanilleschote wieder entfernen. In einem Topf Butter bei niedriger Temperatur auslassen und leicht goldbraun werden lassen. Milchreis auf Tellern oder in Schälchen verteilen und mit der Butter begießen. Zucker mit Zimt vermischen und über den Milchreis streuen. Milchreis kann warm oder kalt gegessen werden.

Die Prinzessin auf der Erbse

(H. C. Andersen)

Das Märchen gehört zu den bekanntesten des dänischen Schriftstellers Hans Christian Andersen. Es erschien 1837 in einer Ausgabe der dänischen Reihe »Märchen, für Kinder erzählt«. In seinen Märchen verweist Andersen immer wieder auf eine ausgleichende Gerechtigkeit und kritisiert mittels einer humoristischen Ausdrucksweise gesellschaftliche Eitelkeiten, die zur Entfremdung der Herrschenden von ihren Untergebenen führen.

Märchentext zum Vorlesen

Die Prinzessin auf der Erbse

Es war einmal ein Prinz, der wollte eine Prinzessin heiraten. Aber das sollte eine wirkliche Prinzessin sein. Da reiste er in der ganzen Welt herum, um eine solche zu finden, aber überall fehlte etwas. Prinzessinnen gab es genug, aber ob es wirkliche Prinzessinnen waren, konnte er nie herausfinden. Immer war da etwas, was nicht ganz in Ordnung war. Da kam er wieder nach Hause und war ganz traurig, denn er wollte doch gern eine wirkliche Prinzessin haben.

Eines Abends zog ein furchtbares Wetter auf; es blitzte und donnerte, der Regen stürzte herab, und es war ganz entsetzlich. Da klopfte es an das Stadttor, und der alte König ging hin, um aufzumachen.

Es war eine Prinzessin, die draußen vor dem Tor stand. Aber wie sah sie vom Regen und dem bösen Wetter aus! Das Wasser lief ihr von den Haaren und Kleidern herab, lief in die Schnäbel der Schuhe hinein und zum Absatz wieder hinaus. Sie sagte, dass sie eine wirkliche Prinzessin wäre.

›Ja, das werden wir schon erfahren!‹, dachte die alte Königin, aber sie sagte nichts, ging in die Schlafkammer hinein, nahm alles Bettzeug ab und legte eine Erbse auf den Boden der Bettstelle. Dann nahm sie zwanzig Matratzen, legte sie auf die Erbse und dann noch zwanzig Eiderdaunendecken oben auf die Matratzen.

Hier sollte nun die Prinzessin die ganze Nacht über liegen. Am Morgen wurde sie gefragt, wie sie geschlafen hätte.

»Oh, entsetzlich schlecht!«, sagte die Prinzessin. »Ich habe fast die ganze Nacht kein Auge geschlossen! Gott weiß, was in meinem Bett gewesen ist. Ich habe auf etwas Hartem gelegen, sodass ich am ganzen Körper ganz braun und blau bin! Es ist ganz entsetzlich!«

Daran konnte man sehen, dass sie eine wirkliche Prinzessin war, da sie durch die zwanzig Matratzen und die zwanzig Eiderdaunendecken die Erbse gespürt hatte. So feinfühlig konnte niemand sein außer einer echten Prinzessin.

Da nahm sie der Prinz zur Frau, denn nun wusste er, dass er eine wirkliche Prinzessin gefunden hatte. Und die Erbse kam auf die Kunstkammer, wo sie noch zu sehen ist, wenn sie niemand gestohlen hat.

Seht, das war eine wirkliche Geschichte!

Fragen zum Gespräch mit den Kindern

- *Warum stand die Prinzessin allein abends vor dem Stadttor im Regen?*
- *War die Prinzessin auf der Erbse eine echte Prinzessin?*
- *Woran hat der Prinz erkannt, dass es eine echte Prinzessin war?*
- *Wenn du in deinem Bett schläfst, kannst du eine Erbse durch deine Matratze fühlen?*
- *Gibt es heute auch noch echte Prinzessinnen?*
- *Woran kann man sie erkennen?*

Spiele und Lieder

Matratzen, Betten, Kissen Ratespiel

Material: *eine grüne Holzperle*

Die Spieler sitzen im Kreis auf dem Boden, mit den Händen auf dem Rücken. Ein Spieler steht als Prinzessin in der Mitte. Die Spieler geben die grüne Holzperle hinter ihren Rücken von einem zum anderen und sprechen dabei folgenden Vers:

Matratzen, Betten, Kissen,
Prinzessin will es wissen.
Warum kann sie nicht schlafen mehr?
Was kneift und drückt sie denn so sehr?
Nun rate schnell, Prinzessin fein,
wo mag die Erbse denn wohl sein?

Die Spieler nehmen die Hände nach vorn und klatschen sie flach auf den Boden. Nun muss die Prinzessin herausfinden, unter welcher »Matratze« (Hand) die »Erbse« liegt.

Bettenbau Laufspiel

Material: *für jedes Team 10 Decken oder dünne Schaumstoffmatratzen, 10 kleine Kopfkissen, 1 Tennisball*

Zwei bis drei Teams mit jeweils vier Spielern bilden, die gegeneinander antreten. Die Spieler stehen auf der einen Seite des Raumes. Ihnen gegenüber (ca. 15–20 m entfernt) liegen die Materialien. Nach dem Startsignal laufen alle vier Spieler jeder Mannschaft los, holen die erste Decke (jeder trägt einen Zipfel) und breiten sie auf ihrer Seite aus. Dann tragen sie auf die gleiche Weise ein Kissen herüber usw., sodass immer abwechselnd Decken und Kissen übereinander gestapelt werden. Zum Schluss wird unter den Bettenstapel noch der Tennisball als Erbse gelegt und ein Mitspieler jeder Mannschaft legt sich als Prinzessin oben auf das Bett. Das schnellste Team hat gewonnen.

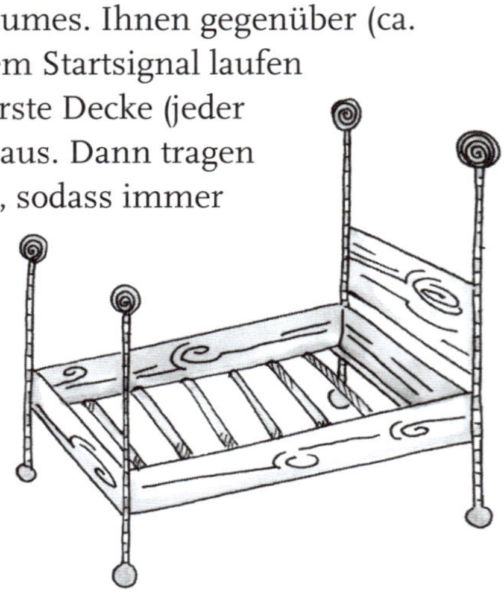

Die Prinzessin auf der Erbse Singspiel

Melodie: Ein Männlein steht im Walde, überliefert, Text: Brigitte vom Wege

Material: *viele Decken und Kissen, Verkleidungsrequisiten, grüne Holzperle, Kissen für die Präsentation der Erbse*

Vor Spielbeginn die Rollen verteilen: Prinzessin, Prinz, König, Königin, Diener. Alle singen. Jeder spricht bzw. singt seinen Part und agiert entsprechend.

2. Der König sprach: »So komm doch zu uns herein,
du sollst nicht länger draußen im Regen sein!«

3. Man gab ihr trock'ne Kleider und Speis und Trank.
Sie setzte sich ganz müde zum Prinzen auf die Bank.

Refrain: Sagt, wer mag …

4. Die Königin holt Betten und Kissen herbei,
und eine grüne Erbse legt sie auch dabei.

Refrain: Sagt, wer mag …

5. Am andern Morgen hört man ihr Weh und Ach.
Das Mädchen konnt' nicht schlafen, die ganze Nacht.

Refrain: Sagt, wer mag das Mädchen sein,
das da steht so ganz allein,
muss wohl eine echte Prinzessin sein.
Und nun weiß man's ganz genau,
der Prinz nimmt sie zu seiner Frau
und die grüne Erbse stellt man zur Schau.

Prinzessinnen-Test Tastspiel

Material: *verschiedene Gegenstände wie z. B. Handtasche, Gürtel, Schuhe, Holzperlenkette, Haarbürste, Schlüssel, Arm- und/oder Haarreif, Ring, Glasmurmel, Tennisball usw.; Korb, mehrere Decken*

Die Materialien liegen, für alle sichtbar, in einem Korb. Die Spielerinnen sitzen im Kreis. In der Mitte wird eine Decke ausgebreitet. Die erste Spielerin, die sich dem Prinzessinnen-Test stellen möchte, schließt die Augen. In dieser Zeit nimmt eine Mitspielerin einen Gegenstand aus dem Korb und legt ihn unter die Decke. Nun muss sich die »Prinzessin« mit dem Rücken darauflegen und raten, auf welchem Gegenstand sie liegt. Hat sie richtig geraten, hat sie den Prinzessinnen-Test bestanden und darf in der nächsten Spielrunde einen Gegenstand und eine neue, mögliche Prinzessin auswählen.

Rätsel

Wer kam im Regen vor das Tor
und stellt' sich als Prinzessin vor?
Wer hat dann fast die ganze Nacht
vor Schmerz kein Auge zugemacht, –
obwohl sie schlief auf zwanzig Kissen?
Wirst du des Rätsels Lösung wissen?

Wo ist die Erbse? Tastspiel

Material: *viele Kissen mit Reißverschlüssen, eine Holzkugel*

In einem Kissen wird vor Spielbeginn eine Holzkugel versteckt. Die Spieler sitzen im Kreis, die Kissen liegen in der Mitte, und die Spieler sollen nun durch Tasten herausfinden, in welchem Kissen sich die Kugel befindet. Wer die Kugel gefunden hat, darf sie in der nächsten Spielrunde verstecken.
Je kleiner die Holzkugel, desto schwieriger wird das Spiel.

Bettenturm aus Kartons bauen Staffelspiel

Material: *Pizzakartons, Eierkartons mit Deckel, Schuhkartons (vom Wertstoffhof), grüne Holzperle*

Die Kisten sind die Daunendecken bzw. Matratzen aus dem Märchen und können vor Spielbeginn mit den Kindern farbig gestaltet werden. Die Spieler haben die Aufgabe, einen so hohen »Bettenturm« wie möglich zu bauen, ohne dass der Turm umfällt. Zuunterst liegt eine grüne Holzperle als Erbse.
Das Spiel kann als Gruppenaufgabe mit (2 Minuten) oder ohne Zeitvorgabe gespielt werden oder als Staffelspiel mit mindestens zwei Gruppen.

Bettenturm mit Händen Fingerspiel

Material: *eine Murmel*

Die Spieler sitzen an einem Tisch. Der erste Spieler legt die rechte Hand flach über eine kleine Murmel auf den Tisch, dann legt der nächste Spieler seine rechte Hand darauf und so weiter. Dabei sprechen die Spieler wiederholt rhythmisch folgende Worte: »Matratze – Kissen – Bett – Matratze …« Liegen alle rechten Hände aufeinander, kommen die linken darauf. Dann zieht der erste Spieler seine unterste Hand heraus und legt sie obenauf, dann der nächste usw. Der Spieler, bei dem die Murmel herunterfällt, beginnt in der nächsten Spielrunde mit einem neuen »Bettenturm«.

Kreative Gestaltung

Die Erbsenprinzessin Würfelspiel

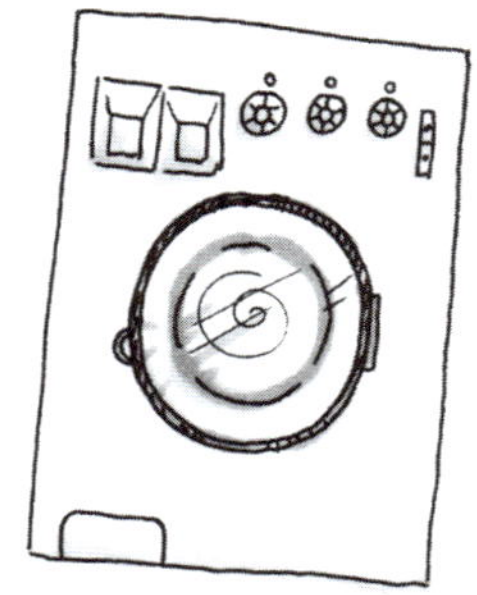

Material: *Bettgestell von einer Puppenstube, 4 Bettensets (= Matratze, Kopfkissen, Decke) in den Farben blau, gelb, rot, grün, 1 Prinzessinenfigur, 1 getrocknete Erbse, 1 Tortendeckel aus Pappe als Spielfeld, 1 Würfel*

Herstellung: Für das Spiel kleine Kissen, passend zur Größe des Bettgestells, aus Stoff nähen und mit Watte füllen. Den Tortendeckel in 12 Segmente unterteilen und 4 mal eine Waschmaschine, 8 mal ein Bett aufmalen (oder entsprechende Bilder aufkleben).

Vorbereitung: Das Bett aufstellen und die Erbse in die Mitte des Bettes legen. Die Prinzessin auf ein beliebiges Spielfeld stellen und alle Bettenteile bereitlegen.

Kooperative Spielvariante: Die Mitspieler (1–4) würfeln und bewegen die Prinzessinnenfigur auf dem Spielplan vorwärts. Kommen sie auf ein Feld mit dem Symbol »Bett«, müssen sie eine Matratze, Kissen oder Decke auf das Bett stapeln. Landen sie auf dem Symbol »Waschmaschine«, müssen sie ein bereits gestapeltes Teil zum Vorrat zurücknehmen. Kippt der Bettenturm, bevor alle Teile gestapelt sind, verlieren die Kinder gemeinsam. Schaffen es die Kinder, alle Teile aufzustapeln ohne dass der Turm einstürzt, gewinnen sie gemeinsam.

Wettspielvariante: Jeder Spieler erhält ein Betten-Set in einer Farbe. Das Spiel verläuft wie oben beschrieben. Wer allerdings auf ein Feld mit dem Symbol »Waschmaschine« kommt, muss das oberste Teil vom Bettenturm abnehmen und es einem Mitspieler geben. Wer den Bettenturm zum Einsturz bringt, muss alle heruntergefallenen Teile in den eigenen Vorrat übernehmen. Es gewinnt, wer als Erster keine Teile mehr vor sich liegen hat.

Stoffcollage

Material: *Zeichenkarton im DIN-A3-Format, Stoffreste, Schere, Klebestift, Bleistift, Bunt- oder Filzstifte, grüne Perle*

Am unteren Bildrand wird zunächst die grüne Perle oder eine getrocknete Erbse aufgeklebt. Darüber die schmal geschnittenen Stoffstreifen aufkleben. Zuletzt am oberen Bildrand die Prinzessin mit Bunt- oder Filzstiften aufmalen.

Rezept fürs Prinzessinnen-Fest

Erbsen-Prinzessinnen-Suppe

Zutaten: *250 g geschälte Trockenerbsen, 1 l Gemüsebrühe, 1 Zwiebel, 2 Möhren, 1 EL Bohnenkraut, 550 g Kartoffeln, 200 g Mett, 4 Würstchen, 1 EL Crème fraîche, Salz, Pfeffer, Muskatnuss*

Trockenerbsen in warmem Wasser einweichen (am besten über Nacht!), danach Wasser abgießen und die Erbsen waschen. Zwiebel und Möhren würfeln, zusammen mit den Erbsen und der Brühe in einen Topf geben und eine Stunde köcheln lassen. Mit Bohnenkraut, Salz, Pfeffer und Muskatnuss abschmecken. Anschließend alles mit einem Pürierstab pürieren. Nun Kartoffeln, Mett und Würstchen hinzugeben und 30 Minuten köcheln lassen. Zum Schluss mit Crème fraîche würzen.

Feiner Erbsenbrei

Zutaten: *1 Paket tiefgefrorene Erbsen (ca. 300g), 2–3 Tassen Wasser, 2 mittelgroße Kartoffeln, 3 TL klare Gemüsebrühe, evtl. ½ Becher Sahne*

Kartoffeln waschen, schälen und in Würfel schneiden. Wasser zum Kochen bringen, die tiefgefrorenen Erbsen in das kochende Wasser geben, danach die Kartoffelwürfel hinzufügen. Das Wasser sollte nun die Zutaten gut bedecken. Die Gemüsebrühe darüberstreuen. Alles ca. 15 Minuten leicht kochen lassen Danach 1 Teelöffel Erbsen aus dem Topf nehmen und beiseite stellen. Nun mit dem elektrischen Pürierstab die Masse im Topf zu einem Brei pürieren, ggf. den Erbsenbrei mit etwas Wasser verdünnen und mit Gemüsebrühe abschmecken. Die ganzen Erbsen unter den Brei heben und kurz vor dem Verzehr evtl. etwas flüssige Sahne auf den feinen Erbsenbrei geben.

Der Wolf und die sieben jungen Geißlein (KHM 63)

In diesem bekannten Märchen sind sowohl die Hauptfiguren bzw. Träger der Handlung als auch ihre Gegenspieler Tiere: die sieben jungen Geißlein und der Wolf. Das Märchen greift ein häufig wiederkehrendes Motiv auf, dass das Jüngste, Kleinste oder Schwächste durch geschicktes Handeln Gefahren widerstehen kann und am Ende sogar den Größten überwindet. Somit wird das jüngste Geißlein, das sich im Uhrkasten versteckt hielt und dem Wolf entkommen konnte, zum Helden.

Märchentext zum Vorlesen

Der Wolf und die sieben jungen Geißlein

Es war einmal eine alte Geiß, die hatte sieben junge Geißlein, und hatte sie lieb, wie eine Mutter ihre Kinder lieb hat. Eines Tages wollte sie in den Wald gehen und Futter holen, da rief sie alle sieben herbei und sprach: »Liebe Kinder, ich will hinaus in den Wald, seid auf eurer Hut vor dem Wolf, wenn er hereinkommt, so frisst er euch alle mit Haut und Haar. Der Bösewicht verstellt sich oft, aber an seiner rauen Stimme und an seinen schwarzen Füßen werdet ihr ihn gleich erkennen.« Die Geißlein sagten: »Liebe Mutter, wir wollen uns schon in Acht nehmen, Ihr könnt ohne Sorge fortgehen.« Da meckerte die Alte und machte sich getrost auf den Weg.

Es dauerte nicht lange, so klopfte jemand an die Haustür und rief: »Macht auf, ihr lieben Kinder, eure Mutter ist da und hat jedem von euch etwas mitgebracht.« Aber die Geißerchen hörten an der rauen Stimme, dass es der Wolf war, »wir machen nicht auf«, riefen sie, »du bist unsere Mutter nicht, die hat eine feine und liebliche Stimme, aber deine Stimme ist rau; du bist der Wolf.« Da ging der Wolf fort zu einem Krämer und kaufte sich ein Stück Kreide: Die aß er und machte damit seine Stimme fein. Dann kam er zurück, klopfte an die Haustür und rief: »Macht auf, ihr lieben Kinder eure Mutter ist da und hat jedem von euch etwas mitgebracht.« Aber der Wolf hatte seine schwarze Pfote in das Fenster gelegt, das sahen die Kinder und riefen: »Wir machen nicht auf, unsere Mutter hat keinen schwarzen Fuß wie du: du bist der Wolf.« Da lief der Wolf zu einem Bäcker und sprach: »Ich habe mich an den Fuß gestoßen, streich mir Teig darüber.« Und als ihm der Bäcker die Pfote bestrichen hatte, so lief er zum Müller und sprach: »Streu mir weißes Mehl auf meine Pfote.« Der Müller dachte: »Der Wolf will einen betrügen«, und weigerte sich, aber der Wolf sprach: »Wenn du es nicht tust, so fresse ich dich.« Da fürchtete sich der Müller und machte ihm die Pfote weiß. Ja, so sind die Menschen.

Nun ging der Bösewicht zum dritten Mal zu der Haustüre, klopfte an und sprach: »Macht mir auf, Kinder, euer liebes Mütterchen ist heimgekommen und hat jedem von euch etwas aus dem Walde mitgebracht.« Die Geißerchen riefen: »Zeig uns erst deine Pfote, damit wir wissen, dass du unser liebes Mütterchen bist.« Da legte er die Pfote ins Fenster, und als sie sahen, dass sie weiß war, so glaubten sie, es wäre alles wahr, was er sagte, und machten die Türe auf. Wer aber hereinkam, das war der Wolf. Sie erschraken und wollten sich verstecken. Das eine sprang unter den Tisch, das zweite ins Bett, das dritte in den Ofen, das vierte in die Küche, das fünfte in den Schrank, das sechste unter die Waschschüssel, das siebente in den Kasten der Wanduhr. Aber der Wolf fand sie alle und machte nicht langes Federlesen: eins nach dem andern schluckte er in seinen Rachen; nur das jüngste in dem Uhrkasten, das fand er nicht. Als der Wolf seine Lust gebüßt hatte, trollte er sich fort, legte sich draußen auf der grünen Wiese unter einen Baum und fing an zu schlafen.

Nicht lange danach kam die alte Geiß aus dem Wald wieder heim. Ach, was musste sie da erblicken! Die Haustüre stand sperrweit auf: Tisch, Stühle und Bänke waren umgeworfen, die Waschschüssel lag in Scherben, Decke und Kissen waren aus dem Bett gezogen. Sie suchte ihre Kinder, aber nirgends waren sie zu finden. Sie rief sie nacheinander bei Namen, aber niemand antwortete. Endlich, als sie an das jüngste kam, da rief eine feine Stimme: »Liebe Mutter, ich stecke im Uhrkasten.« Sie holte es heraus, und es erzählte ihr, dass der Wolf gekommen wäre und die andern alle gefressen hätte. Da könnt ihr denken, wie sie über ihre armen Kinder geweint hat.

Endlich ging sie in ihrem Jammer hinaus, und das jüngste Geißlein lief mit. Als sie auf die Wiese kam, lag da der Wolf an dem Baum und schnarchte, dass die Äste zitterten. Sie betrachtete ihn von allen Seiten und sah, dass in seinem angefüllten Bauch sich etwas regte und zappelte. »Ach Gott«, dachte sie, »sollten meine armen Kinder, die er zum Abendbrot hinuntergewürgt hat, noch am Leben sein?« Da musste das Geißlein nach Hause laufen und Schere, Nadel und Zwirn holen. Dann schnitt sie dem Ungetüm den Wanst auf, und kaum hatte sie einen Schnitt getan, so streckte schon ein Geißlein den Kopf heraus, und als sie weiter schnitt, so sprangen nacheinander alle sechse heraus, und waren noch alle am Leben, und hatten nicht einmal Schaden gelitten, denn das Ungetüm hatte sie in der Gier ganz hinuntergeschluckt. Das war eine Freude! Da herzten sie ihre liebe Mutter und hüpften wie ein Schneider, der Hochzeit hält. Die Alte aber sagte: »Jetzt geht und sucht Wackersteine, damit wollen wir dem gottlosen Tier den Bauch füllen, solange es noch im Schlafe liegt.« Da schleppten die sieben Geißerchen in aller Eile die Steine herbei und steckten sie ihm in den Bauch, so viel sie hineinbringen konnten. Dann nähte ihn die Alte in aller Geschwindigkeit wieder zu, dass er nichts merkte und sich nicht einmal regte.

Als der Wolf endlich ausgeschlafen hatte, machte er sich auf die Beine, und weil ihm die Steine im Magen so großen Durst erregten, so wollte er zu einem Brunnen gehen und trinken. Als er aber anfing zu gehen und sich hin und her zu bewegen, so stießen die Steine in seinem Bauch aneinander und rappelten. Da rief er:

»Was rumpelt und pumpelt
in meinem Bauch herum?
Ich meinte, es wären sechs Geißlein,
so sinds lauter Wackersteine.«

Und als er an den Brunnen kam und sich über das Wasser bückte und trinken wollte, da zogen ihn die schweren Steine hinein und er musste jämmerlich ersaufen. Als die sieben Geißlein das sahen, da kamen sie herbeigelaufen, riefen laut: »Der Wolf ist tot! Der Wolf ist tot!« und tanzten mit ihrer Mutter vor Freude um den Brunnen herum.

Fragen zum Gespräch mit den Kindern

- *Woran sollten die sieben Geißlein den Wolf erkennen?*
- *Was besorgte sich der Wolf beim Kaufmann, damit seine Stimme feiner wurde?*
- *Warum machten die sieben Geißlein dem Wolf nach dem dritten Besuch die Türe auf?*
- *Wem gelang es, sich vor dem Wolf zu verstecken?*
- *Wie konnten die sieben Geißlein wieder gerettet werden?*
- *Würdest du auch einen Fremden in eure Wohnung lassen? Wenn ja warum oder warum nicht?*

Spiele und Lieder

Mach auf, ich bin dein Mütterlein Sinnesspiel

Melodie: überliefert, Text: Autorinnen

Die Spieler sitzen im Kreis. Einer wird als Geißlein ausgewählt und setzt sich mit geschlossenen oder verbundenen Augen in die Kreismitte. Heimlich bestimmen die anderen einen Mitspieler als Wolf. Alle singen. Der Wolf geht zu dem Geißlein, klopft auf seinen Rücken und spricht mit verstellter Stimme: »Mach auf, ich bin dein Mütterlein!« Das Geißlein muss nun erraten, um welchen Mitspieler es sich handelt. Rät es richtig, werden in der nächsten Spielrunde ein neues Geißlein und ein neuer Wolf gewählt.

Sieben kleine Geißlein Spiellied

Melodie und Text: überliefert

2. Kam der Wolf geschlichen,
meck, meck, meck, meck, meck.
»Macht mir auf ihr Kinderlein,
ich bin euer Mütterlein!«
»Das ist Mutters Stimme nicht!
Wolf, du bist ein schlimmer Wicht!
Geh weg, geh weg, geh weg!«

3. Lief der Wolf zum Krämer,
meck, meck, meck, meck, meck.
Kaufte ein Stück Kreide ein,
macht die Stimme hübsch und fein,
und läuft in den Wald zurück.
»Geißlein fress ich sieben Stück!«
Oh Schreck, oh Schreck, oh Schreck.

4. Sieben kleine Geißlein,
meck, meck, meck, meck, meck,
machten arglos auf das Tor.
Huh! Da stand der Wolf davor!
Alle fraß der Bösewicht,
nur das Kleinste fand er nicht,
war weg, war weg, war weg.

5. Kam die Geißenmutter,
meck, meck, meck, meck, meck,
ach wie war der Schreck so
groß!
»Wo sind meine Kinder bloß?«
Eines ist nun übrig nur,
denn es hat sich in der Uhr
versteckt, versteckt, versteckt.

6. Klopft der Wolf ans Fenster,
meck, meck, meck, meck, meck.
»Kinderlein, rasch aufgemacht!
Hab was Feines mitgebracht!«
»Das ist Mutters Pfote nicht!
Wolf, du bist ein schlimmer Wicht!
Geh weg, geh weg, geh weg!«

7. Lief der Wolf zum Bäcker,
meck, meck, meck, meck, meck.
Streicht sich weißen Kuchenteig
auf den braunen Fuß sogleich
und läuft in den Wald zurück.
»Geißlein fress ich sieben Stück!«
Oh Schreck, oh Schreck, oh
Schreck!

8. Wolf der schlief am Brunnen,
meck, meck, meck, meck, meck,
kam die Mutter Geiß herbei,
mit der Schere eins, zwei, drei,
schnitt ihm auf den dicken
Wanst,
Geißlein kamen raus getanzt,
mit meck, meck, meck, meck
meck.

9. Große Wackersteine,
Meck, meck, meck, meck, meck,
kriegt der Wolf in seinen Bauch,
darum ward er durstig auch,
bückte sich zum Wasser hin,
rumsdibums, da fiel er rin,
war weg, war weg, war weg.

Vor Spielbeginn die entsprechenden Rollen verteilen: Sieben Geißlein, Mutter Geiß, Wolf, evtl. noch Bäcker und Krämer. Die Akteure singen und führen passende Bewegungen zum Text aus, evtl. mit Requisiten, z. B. Korb, Kreide, weißer Strumpf, brauner Umhang für den Wolf, große Schere aus Pappe, Steine.

Das Spiellied kann auch vor Publikum aufgeführt werden.

Zwei Rätsel

Es ließ einmal ein Mütterlein
zu Haus all ihre Kinderlein.
Als sie zurückkam, fand sie nur
ein Kind versteckt noch in der Uhr.
Der Wolf ertrank im Wasserloch!,
du kennst das Märchen,
weißt es doch!

Als die Mutter kam zurück,
sah sie das Missgeschick.
Tisch und Stühle umgeschmissen,
Federkissen war'n zerrissen.
Von den Kindern keine Spur.
Doch im Kasten ihrer Uhr
steckt' das Allerkleinste drin.
»Sag, wo sind die andern hin?«

Erzähl keine Märchen Erzählspiel

Sind die Kinder mit dem Märchen vertraut, wird den Kindern das Märchen mit vorher eingebauten Fehlern vorgelesen, z. B.: »Es war einmal eine alte Kuh, die hatte sechs junge Kälbchen ...« Jedes Mal, wenn die Erzählerin einen Fehler macht, dürfen die Kinder laut rufen: »Erzähl keine Märchen!«

Wer hat Angst vorm grauen Wolf? Lauf- und Fangspiel

Auf der einen Seite des Spielfeldes steht der »graue Wolf«, ihm gegenüber auf der anderen Spielfeldseite die »Geißlein«, die folgenden Dialog führen:

»Böser Wolf«: *Wer hat Angst vorm grauen Wolf?*
»Geißlein«: *Niemand!*
»Böser Wolf«: *Wenn er aber kommt?*
»Geißlein«: *Dann laufen wir!*

Darauf versuchen alle Spieler, die gegenüberliegende Seite zu erreichen, während der »graue Wolf« einen Spieler abschlagen muss. Gelingt ihm dies, so werden sie zu Helfern, bis nur noch ein »Geißlein« übrig bleibt, das in der nächsten Spielrunde zum »grauen Wolf« wird.

Wo ist das Geißlein? Suchspiel

Material: *Stofftier (Ziege o. Ä.)*

Alle verlassen den Raum, nur die Spielleitung bleibt und versteckt das Stofftier, das Geißlein. Die Mitspieler kommen wieder herein und begeben sich auf die Suche, aber ohne zu sprechen. Wer das Geißlein gefunden hat, lässt sich das nicht anmerken, sondern setzt sich zurück auf seinen Platz. Der letzte Sucher darf in der nächsten Spielrunde ein neues Versteck für das Geißlein bestimmen.

Kreative Gestaltung

Tiermasken (Wolf und Ziege)

Material: *weiße Pappteller mit rauer Unterseite (23 cm Durchmesser), Karton, verschiedenfarbiges Tonpapier, Buntpapier, Alleskleber, Schere, Prickelnadel, Gummiband*

Die Stellen, an denen die Augen ausgeschnitten werden, bestimmt jedes Kind selbst, indem es sich den Pappteller aufs Gesicht hält und vorsichtig die Augenposition mit einem Bleistift markiert. Auf der rauen Unterseite des Tellers werden dann die Augen genau aufgezeichnet. Zum Ausschneiden der Augen braucht man eine Prickelnadel.
Konturen von Wolfs- und/oder Ziegenkopf aufzeichnen und ausschneiden. Die Nase jeweils ausschneiden und leicht hochklappen, damit der Maskenträger auch genügend Luft bekommt.
Die Ohren bzw. Hörner durch andersfarbiges Tonpapier zusätzlich betonen. Seitlich mit einem Locher jeweils ein Loch ausstanzen und ein Gummiband festknoten.

Schwarzer Wolf Kartenspiel

Material: *feste Pappe oder Fotokarton, Schere, Buntstifte oder Abbildungen aus Zeitschriften, Klebstoff, selbstklebende Transparentfolie oder Laminierfolien*

Herstellung: Aus Fotokarton 31 Karten (Größe 7 x 10 cm) schneiden. Jeweils zwei Karten paarweise bemalen oder bekleben, z. B. mit den Motiven: 2 x Geißlein mit roten Hosen, 2 x Geißlein mit blauen Hosen, 2 x Geißlein mit grünen Hosen, 1 x Geißenmutter – 1 x kleines Geißlein, 1 x Bäcker – 1 x Müller, 2 x Tisch, 2 x Stuhl, 2 x Bett, 2 x Schrank, 2 x Ofen, 2 x Waschschüssel, 2 x Wanduhr, 2 x Schere, 2 x Steine, 2 x Brunnen, 1 x schwarzer Wolf

Spielanleitung: Alle Karten werden verteilt. Sofort kann jeder Spieler alle Pärchen, die er auf der Hand hat, auslegen. Ein Pärchen bilden immer zwei Karten mit den gleichen bzw. zusammengehörenden Motiven (s. oben). Wenn alle Paare ausgelegt sind, beginnt das eigentliche Spiel. Jeder Spieler zieht von seinem rechten Nachbarn eine Karte. Hat ein Spieler wieder ein Pärchen zusammen, kann er es auslegen.
Wenn ein Spieler keine Karten mehr auf der Hand hält, macht er Pause. Sein linker Nachbar zieht dann von seinem rechten Nachbarn die Karten.
Das Spiel endet, wenn alle Pärchen ausgelegt sind und nur noch der schwarze Wolf übrig ist. Der Spieler, der ihn auf der Hand hat, bekommt einen Strich auf die Nase.

Rezepte für ein 7-Geißlein-Fest

Brennnesselsalat für junge Ziegen

Zutaten: *80 g kleine, junge Brennnesseltriebe (nur mit Handschuhen pflücken), 1 Salatgurke; für die Salatsoße: 2 Esslöffel Öl, 1 EL Zitronensaft, 1 EL saure Sahne, Salz, eine Prise Zucker, 2 TL geriebene Zwiebel*

Brennnesseln gut abspülen, fein hacken. Salatgurke hobeln. Beides mit einer Soße aus den angegebenen Zutaten anmachen.

Geißen-Futter

Zutaten: *250 g Kohlrabi, 200 g Möhren, 1–2 Äpfel, 1 Becher (150 g) Vollmilchjoghurt, Saft einer ½ Zitrone, Salz, Pfeffer, frische Kräuter*

Kohlrabi, Möhren und Äpfel waschen, schälen und raspeln. In einer Salatschüssel mischen. Joghurt mit Zitronensaft, Salz, Pfeffer und klein gehackten Kräutern mischen, über den Salat geben, durchrühren.

Löwenzahnauflauf »bissig«

Zutaten: *700 g Löwenzahn, 1 Zwiebel, 1 gehäufter EL Butter, 1 Tasse Gemüsebrühe, Salz und Pfeffer, 100 g geriebener Gouda, 3–4 EL flüssige Butter*

Junge Löwenzahnblätter gründlich waschen, abtropfen und die Stängel einmal halbieren. Die Zwiebel hacken, in der Butter andünsten. Das Gemüse hinzufügen, nochmals kurz dünsten und mit der Gemüsebrühe ablöschen. Etwa 15 Minuten dünsten. Mit Salz und Pfeffer würzen, dann in eine Auflaufform geben, mit Käse bestreuen und der flüssigen Butter übergießen. Im vorgeheizten Backofen bei 250 Grad 5 Minuten überbacken.

Rätsel

Welcher Zahn beißt nicht?

Hänsel und Gretel (KHM 15)

Die bekannte Märchenfassung der Brüder Grimm greift das Thema Armut auf und erzählt davon, wie die verzweifelten Eltern ihre Kinder aussetzen, um sie vor dem Hungertod zu bewahren. Doch bevor es zu einem glücklichen Ausgang der Geschichte kommt, müssen die Kinder Hänsel und Gretel erst noch Prüfungen bestehen und selbstständig werden.

Märchentext zum Vorlesen

Hänsel und Gretel

Vor einem großen Walde wohnte ein armer Holzhacker, der hatte nichts zu beißen und zu brechen und kaum das tägliche Brot für seine Frau und seine zwei Kinder, Hänsel und Gretel. Endlich kam die Zeit, da konnte er auch das nicht schaffen, und wusste keine Hülfe mehr für seine Not. Wie er sich nun abends vor Sorge im Bett herumwälzte, sprach seine Frau zu ihm: »Hör, Mann, morgen Früh nimm die beiden Kinder, gib jedem noch ein Stückchen Brot, dann führe sie hinaus in den Wald, mitten hinein, wo er am dicksten ist, da mach ihnen ein Feuer an und dann geh weg, und lass sie dort allein: wir können sie nicht länger ernähren.« »Nein, Frau«, sagte der Mann, »wie soll ich übers Herz bringen, meine eigenen lieben Kinder den wilden Tieren im Wald zu überliefern, die würden sie bald zerrissen haben.« »Wenn du das nicht tust«, sprach die Frau, »so müssen wir alle miteinander Hungers sterben«, und ließ ihm keine Ruhe, bis er einwilligte.

Die zwei Kinder waren auch noch vor Hunger wach gewesen, und hatten mit angehört was die Mutter zum Vater gesagt hatte. Gretel dachte: »Nun ist es um mich geschehen«, und fing erbärmlich an zu weinen. Hänsel aber sprach: »Sei still, Gretel, und gräme dich nicht, ich will uns schon helfen.« Damit stieg er auf, zog sein Röcklein an, machte die Untertüre auf und schlich hinaus. Da schien der Mond hell, und die weißen Kieselsteine glänzten wie lauter Batzen. Hänsel bückte sich und steckte so viel in sein Rocktäschlein als nur hinein wollten, dann ging er zurück ins Haus. »Tröste dich, Gretel, und schlaf nur ruhig«, sprach er, legte sich wieder ins Bett und schlief ein.

Morgens früh, ehe die Sonne noch aufgegangen war, kam die Mutter und weckte die beiden Kinder: »Steht auf, wir wollen in den Wald gehen. Da hat jedes von euch ein Stücklein Brot, aber haltets zu Rat, und hebts euch für den Mittag auf.« Gretel nahm das Brot unter die Schürze, weil Hänsel die Steine in der Tasche hatte, dann machten sie sich auf den Weg zum Wald hinein. Wie sie ein Weilchen gegangen waren, stand Hänsel still und guckte nach dem Haus zurück, bald darauf wieder und immer wieder. Der Vater sprach: »Hänsel, was guckst du da und bleibst zurück, hab acht und heb deine Beine auf.« »Ach Vater, ich seh nach meinem weißen Kätzchen, das sitzt oben auf dem Dach und will mir Ade sagen.« Die Mutter sprach: »Narr, das ist dein Kätzchen nicht, das ist die Morgensonne, die auf den Schornstein scheint.« Hänsel aber hatte nicht nach dem Kätzchen gesehen, sondern immer einen von den blanken Kieselsteinen aus seiner Tasche auf den Weg geworfen.

Wie sie mitten in den Wald gekommen waren, sprach der Vater: »Nun sammelt Holz, ihr Kinder, ich will ein Feuer anmachen, dass wir nicht frieren.« Hänsel und Gretel trugen Reisig zusammen, einen kleinen Berg hoch. Da steckten sie es an, und wie die Flamme recht groß brannte, sagte die Mutter: »Nun legt euch ans Feuer und schlaft, wir wollen in dem Wald das Holz fällen: wartet bis wir wieder kommen und euch abholen.«

Hänsel und Gretel saßen an dem Feuer bis zu Mittag, da aß jedes sein Stücklein Brot; sie glaubten, der Vater wäre noch im Wald, weil sie die Schläge einer Axt hörten, aber das war ein Ast, den er an einen Baum gebunden hatte, und den der Wind hin und her schlug. Nun warteten sie bis zum Abend, aber Vater und Mutter blieben aus, und niemand wollte kommen und sie abholen. Wie es nun finstere Nacht wurde, fing Gretel an zu weinen, Hänsel aber sprach: »Wart nur ein Weilchen, bis der Mond aufgegangen ist.« Und als der Mond aufgegangen war, fasste er Gretel bei der Hand, da lagen die Kieselsteine und schimmerten wie neu geschlagene Batzen und zeigten ihnen den Weg. Da gingen sie die ganze Nacht durch, und wie es Morgen war, kamen sie wieder bei ihres Vaters Haus an. Der Vater freute sich, als er seine Kinder wieder sah, denn es war ihm zu Herzen gegangen, wie er sie so allein gelassen hatte; die Mutter stellte sich auch, als wenn sie sich freute, heimlich aber war sie bös.

Nicht lange darnach war wieder kein Brot im Hause, und Hänsel und Gretel hörten, wie abends die Mutter zum Vater sagte: »Einmal haben die Kinder den Weg zurück gefunden, und da habe ichs gut sein lassen: aber jetzt ist wieder nichts als nur noch ein halber Laib Brot im Haus, du musst sie morgen tiefer in den Wald führen, dass sie den Weg nicht zurückfinden, es ist sonst keine Hülfe mehr für uns.« Dem Mann fiels schwer aufs Herz, und er dachte: »Es wäre doch besser wenn du den letzten Bissen mit deinen Kindern teiltest«; weil er aber einmal eingewilligt hatte, so durfte er nicht nein sagen. Als die Kinder das Gespräch gehört hatten, stand Hänsel auf und wollte wieder Kieselsteine auflesen; wie er aber an die Türe kam, da hatte sie die Mutter zugeschlossen. Doch tröstete er die Gretel, und sprach: »schlaf nur, Gretel, der liebe Gott wird uns schon helfen.«

Morgens früh erhielten sie ihr Stücklein Brot, noch kleiner als das vorige Mal. Auf dem Wege bröckelte es Hänsel in der Tasche, stand oft still, und warf ein Bröcklein an die Erde. »Was bleibst du immer stehen, Hänsel, und guckst dich um?«, sagte der Vater, »geh deiner Wege.« »Ich sehe nach meinem Täubchen, das sitzt auf dem Dach und will mir Ade sagen.« »Du Narr«, sagte die Mutter, »das ist dein Täubchen nicht, das ist die Morgensonne, die auf den Schornstein oben scheint.« Hänsel aber zerbröckelte all sein Brot und warf die Bröcklein auf den Weg.

Die Mutter führte sie noch tiefer in den Wald hinein, wo sie ihr Lebtag nicht gewesen waren, da sollten sie wieder bei einem großen Feuer sitzen und schlafen, und abends wollten die Eltern kommen und sie abholen. Zu Mittag teilte Gretel ihr Brot mit Hänsel, weil der seins all auf den Weg gestreut hatte, aber der Mittag verging, und der Abend verging, und niemand kam zu den armen Kindern. Hänsel tröstete die Gretel und sagte: »Wart, wenn der Mond aufgeht, dann seh ich die Bröcklein Brot, die ich ausgestreut habe, die zeigen uns den Weg nach Haus.« Der Mond ging auf, wie aber Hänsel nach den Bröcklein sah, da waren sie weg: die viel tausend Vöglein in dem Wald, die hatten sie gefunden und aufgepickt. Hänsel meinte doch den Weg nach Haus zu finden und zog die Gretel mit sich: aber sie verirrten sich bald in der großen Wildnis, und gingen die Nacht und den ganzen Tag, da schliefen sie vor Müdig-

keit ein. Dann gingen sie noch einen Tag, aber sie kamen nicht aus dem Wald heraus, und waren so hungrig, denn sie hatten nichts zu essen als ein paar kleine Beeren, die auf der Erde standen.

Als sie am dritten Tage wieder bis zu Mittag gegangen waren, da kamen sie an ein Häuslein, das war ganz aus Brot gebaut und war mit Kuchen gedeckt, und die Fenster waren von hellem Zucker. »Da wollen wir uns niedersetzen und uns satt essen«, sagte Hänsel, »ich will vom Dach essen, iss du vom Fenster, Gretel, das ist fein süß für dich.« Wie nun Gretel an dem Zucker knusperte, rief drinnen eine feine Stimme:

»Knusper, knusper, kneischen,
wer knuspert an meinem Häuschen?«

Die Kinder antworteten:

»Der Wind, der Wind,
das himmlische Kind.«

und aßen weiter. Gretel brach sich eine ganze runde Fensterscheibe heraus, und Hänsel riss sich ein großes Stück Kuchen vom Dach ab. Da ging die Türe auf und eine steinalte Frau kam herausgeschlichen. Hänsel und Gretel erschraken so gewaltig, dass sie fallen ließen, was sie in Händen hatten. Die Alte aber wackelte mit dem Kopf und sagte: »Ei, ihr lieben Kinder, wo seid ihr denn hergelaufen, kommt herein mit mir, ihr sollts gut haben«, fasste beide an der Hand und führte sie in ihr Häuschen. Da ward gutes Essen aufgetragen, Milch und Pfannkuchen mit Zucker, Äpfel und Nüsse, und dann wurden zwei schöne Bettlein bereitet: da legten sich Hänsel und Gretel hinein und meinen, sie wären im Himmel.

Die Alte aber war eine böse Hexe, die lauerte den Kindern auf und hatte bloß um sie zu locken ihr Brothäuslein gebaut, und wenn eins in ihre Gewalt kam, da machte sie es tot, kochte es und aß es, und das war ihr ein Festtag. Da war sie nun recht froh wie Hänsel und Gretel ihr zugelaufen kamen. Früh, ehe sie noch erwacht waren, stand sie schon auf, ging an ihr Bettlein, und wie sie die zwei so lieblich ruhen sah, freute sie sich und murmelte: »Das wird ein guter Bissen für mich sein.« Darauf packte sie Hänsel und steckte ihn in einen kleinen Stall; wie er nun aufwachte, war er von einem Gitter umschlossen, wie man junge Hühnlein einsperrt, und konnte nur ein paar Schritte gehen.

Dann aber rüttelte sie die Gretel aus dem Schlaf, und rief »Steh auf, du Faulenzerin, hol Wasser, und geh in die Küche, und koch was Gutes zu essen, dort steckt dein Bruder in einem Stall, den will ich erst fett machen, und wenn er fett ist, dann will ich ihn essen; jetzt sollst du ihn füttern.« Gretel erschrak und weinte, musste aber tun, was die böse Hexe verlangte. Da ward nun alle Tage dem

Hänsel das beste Essen gekocht, dass er fett werden sollte: Gretel aber bekam nichts als die Krebsschalen. Alle Tage kam die Alte und sagte: »Hänsel, streck deine Finger heraus, dass ich fühle ob du bald fett genug bist.« Hänsel streckte ihr aber immer statt des Fingers ein Knöchlein heraus: da verwunderte sie sich, dass er so mager blieb und gar nicht zunehmen wollte.

Nach vier Wochen sagte sie eines Abends zu Gretel: »Sei flink, geh und trag Wasser herbei, dein Brüderchen mag nun fett sein oder nicht, morgen will ich es schlachten und sieden; ich will derweile den Teig anmachen, dass wir auch dazu backen können.« Da ging Gretel mit traurigem Herzen, und trug das Wasser, worin Hänsel sollte gesotten werden. Frühmorgens musste Gretel aufstehen, Feuer anzünden, und den Kessel mit Wasser aufhängen. »Gib nun acht«, sagte die Hexe, »ich will Feuer in den Backofen machen und das Brot hineinschieben.« Gretel stand in der Küche und weinte blutige Tränen und dachte: »Hätten uns lieber die wilden Tiere im Walde gefressen, so wären wir zusammen gestorben und müssten nun nicht das Herzeleid tragen: und ich müsste nicht selber das Wasser heiß machen zu dem Tode meines lieben Bruders: barmherziger Gott, hilf uns armen Kindern aus der Not.«

Da rief die Alte: »Gretel, komm her zu dem Backofen.« Wie Gretel kam, sagte sie: »Guck hinein, ob das Brot schon hübsch braun und gar ist, meine Augen sind schwach, ich kann nicht so weit sehen, und wenn du auch nicht kannst, so setz dich auf das Brett, so will ich dich hineinschieben, da kannst du darin herumgehen und nachsehen.« Sobald aber Gretel darin war, wollte sie zumachen, und Gretel sollte in dem heißen Ofen backen, und dann wollte sie es auch aufessen. Gott gab es aber dem Mädchen in den Sinn, dass es sprach: »Ich weiß nicht, wie ich das anfangen soll, zeige mirs erst, und setz dich auf, ich will dich hineinschieben.« Da setzte sich die Alte auf das Brett, und weil sie leicht war, schob Gretel sie hinein, so weit der Stiel an dem Brett reichte, und dann machte es geschwind die Türe zu und steckte den eisernen Riegel vor. Nun fing die Alte an in dem heißen Backofen zu schreien und zu jammern; Gretel aber lief fort, und die gottlose Hexe musste elendiglich verbrennen.

Da lief Gretel zum Hänsel, machte ihm sein Türchen auf und rief: »spring heraus, Hänsel, wir sind erlöst.« Da sprang Hänsel heraus, wie ein eingesperrtes Vöglein aus dem Käfig springt, wenn ihm das Türchen geöffnet wird. Und sie weinten vor Freude, und küssten einander herzlich. Das ganze Häuschen aber war voll von Edelsteinen und Perlen, damit füllten sie ihre Taschen, gingen fort, und suchten den Weg nach Haus. Sie kamen aber vor ein großes Wasser und konnten nicht hinüber. Da sah das Schwesterchen ein weißes Entchen hin und her schwimmen, dem rief es: »Ach, liebes Entchen, nimm uns auf deinen

Rücken.« Als das Entchen das hörte, kam es geschwommen und trug Gretel hinüber, und dann holte es auch Hänsel. Darnach fanden sie bald ihre Heimat. Der Vater freute sich herzlich, als er sie wieder sah, denn er hatte keinen vergnügten Tag gehabt, seit seine Kinder fort waren. Die Mutter aber war gestorben. Nun brachten die Kinder Reichtümer genug mit, und sie brauchten für Essen und Trinken nicht mehr zu sorgen.

Fragen zum Gespräch mit den Kindern

- *Die Eltern lassen ihre Kinder allein im Wald zurück, weil sie so arm waren. Mussten sie das wirklich tun oder gab es noch andere Lösungen?*
- *Wie helfen sich die Geschwister gegenseitig?*
- *Obwohl die Kinder von den Eltern verstoßen wurden, gehen sie zu ihnen zurück. Warum?*
- *Was denkst du, haben sich die Kinder richtig verhalten?*

Spiele und Lieder

Auf Spurensuche wie Hänsel und Gretel Forscher- und Erzählspiel

Material: *je nach Teilnehmerzahl 8–16 Karten aus Fotokarton schneiden (3 x 6 cm) und mit den Zahlen von 1 bis 16 beschriften; Absperrband, Plastikplane, Kreide, Korb oder Eimer für die Fundstücke, Lupe, evtl. Handschuhe, Taschenlampen*

Die Gruppe markiert einen Weg, den sie erforschen will, das kann der Weg zur Kita sein, ein Wald-, Feld- oder Parkweg.
Die Teilnehmer begeben sich auf Spurensuche, d. h. sie sammeln Dinge ein, die jemand hinterlassen hat (z. B. Schafwolle am Zaun, Kirschkerne, Federn, angenagte Maiskolben, ...). Die Spuren werden bei gutem Wetter sichergestellt, direkt an Ort und Stelle, oder später im Raum auf einer Plane ausgebreitet. Auf der Plane ist ein Kreis (Durchmesser ca. 2 m) gezeichnet, der in 8 (oder 16) Tortenstücke eingeteilt und nummeriert ist. Nun legen alle Kinder ihre gesammelten Dinge auf beliebige Tortenstücke. Die gemischten Zahlenkarten liegen in der Mitte des Kreises. Nacheinander zieht jeder eine Zahlenkarte, nimmt sein Fundstück und erzählt dazu seine Vermutungen und Eindrücke. Es können die folgenden Fragen erörtert werden:

- Wer hat diese Spuren wohl hinterlassen?
- Was ist da möglicherweise passiert?
- Welches Fundstück gefällt dir am besten?
- Was möchtest du damit machen?

Abzählvers

Bist du Hans oder Grete
sag es mir, ich zähl bis vier.

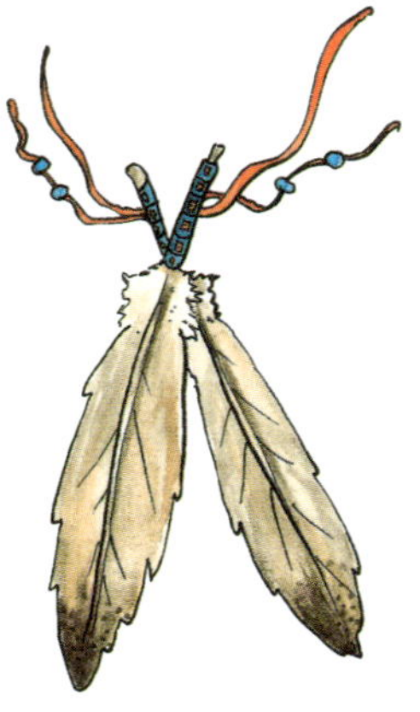

Brüderchen, komm, tanz mit mir Tanzlied

Musik: Engelbert Humperdinck (1893), Text: überliefert

2. Mit den Händchen klipp, klapp, klapp,
mit den Füßchen tripp, tripp, tripp,
einmal hin, einmal her,
rundherum, das ist nicht schwer.

3. Mit den Köpfchen nick, nick, nick,
mit den Fingerchen, tick, tick, tick,
einmal hin, einmal her,
rundherum, das ist nicht schwer.

4. Ei, das hast du gut gemacht,
ei, das hätt' ich nicht gedacht,
einmal hin, einmal her,
rundherum, das ist nicht schwer.

5. Noch einmal das schöne Spiel,
weil es mir so gut gefiel,
einmal hin, einmal her,
rundherum, das ist nicht schwer.

Die Tänzer stehen sich paarweise gegenüber, die Paare bilden einen Innen- und einen Außenkreis. Das Lied gemeinsam singen. Im Innenkreis stehen die »Schwestern«, sie winken die »Brüder« zu sich. Die Paare fassen sich bei den Händen und alle hüpfen gleichzeitig mit drei Seitschritten nach rechts und mit drei Seitschritten zurück in die linke Richtung. Im Weiteren zu jeder Strophe die Bewegungen pantomimisch ausführen und beim Refrain die Dreier-Schrittfolge wiederholen.

Rätsel

**Wald, Brot, Kiesel, Hexenschmaus,
welche Kinder finden zurück nach Haus?**

Hänsel und Gretel Fangen Fangspiel

»Hänsel« und »Gretel« halten sich an der Hand und versuchen gemeinsam so schnell wie möglich die anderen Spieler, die einzeln laufen, zu fangen. Wird jemand berührt, setzt er sich auf den Boden. Ist nur noch ein Spieler übrig, so darf er sich einen neuen »Hänsel« oder eine neue »Gretel« suchen und die nächste Spielrunde beginnt.

Spielvariante: Eine Gruppe aus drei bis sechs Spielern bildet eine Kette und versucht, die Einzelläufer zu fangen oder einzukreisen.

Knusper, knusper, knäuschen Fangspiel

Ein Spieler ist die Hexe, sie steht mit dem Rücken zu den anderen Spielern. Die Spielergruppe stellt sich hinter einer Linie auf und ruft:

»Knusper, knusper, knäuschen,
wann kommt die Hexe aus dem Häuschen?«

Die Hexe antwortet: »*Um drei Uhr!*« oder nennt eine andere Zahl zwischen 1 und 12. Die Gruppe geht mit drei kleinen Schritten (Fuß vor Fuß setzen) auf die Hexe zu. Der Dialog wird so lange wiederholt, bis einer aus der Gruppe die Hexe berühren kann. Die Hexe dreht sich blitzschnell um und versucht, einen der weglaufenden Spieler zu fangen, der nun in der nächsten Spielrunde auch zur Hexe wird. Das Spiel endet, wenn alle Spieler von den Hexen gefangen wurden.

Spuren lesen Orientierungsspiel

Material: *Kieselsteine, großer (Waschmaschinen-) Karton*

Zwei Spieler legen von einer Startlinie aus mehrere Spuren aus Kieselsteinen, aber nur eine Spur führt zum Ziel. Die anderen Spieler folgen der Spur, die an dem Karton endet. Im Karton sitzt ein dritter Spieler, der fragt:
»*Knusper, knusper, knäuschen, wer knuspert an meinem Häuschen?*«
Die richtige Antwort: »*Der Wind, der Wind das himmlische Kind*« wird mit einem Lebkuchen belohnt (Kekse oder Russisch Brot).

Hans und Gretel tief im Wald Liedspiel

Melodie: Schornsteinfeger ging spazier'n (überliefert), Text: Autorinnen

2. Sie kamen an ein Zuckerhaus,
schaute eine Hexe raus, Hexe raus,
schaute eine Hexe raus.

3. »Kinder kommt zu mir herein,
sollt nicht länger hungrig sein, hungrig sein,
sollt nicht länger hungrig sein.«

4. Hexe nahm sie an die Hand,
brachte ihnen Speis und Trank, Speis und Trank,
brachte ihnen Speis und Trank.

5. Hänsel kam in einen Stall,
sollte werden dick und drall, dick und drall,
sollte werden dick und drall.

6. Hexe zündet' Feuer an,
dass der Hänsel braten kann, braten kann,
dass der Hänsel braten kann.

7. Doch die Gretel hatte Mut,
stieß die Hexe in die Glut, in die Glut,
stieß die Hexe in die Glut.

8. Und sie kehrten glücklich Heim,
wollten gern beim Vater sein, Vater sein,
wollten gern beim Vater sein.

Wie beim Singspiel »Hänsel und Gretel« wählen die Kinder vor Spielbeginn die Rollen von Hänsel und Gretel und stellen auch das Hexenhaus und den Backofen dar (s. S. 62). Alle singen gemeinsam das Lied und spielen die Szenen nach.

Hänsel und Gretel   Singspiel

Text und Melodie: Paul Hoffmann

2. Hu, hu, da schaut eine alte Hexe raus!
Lockte die Kinder ins Pfefferkuchenhaus.
Sie stellte sich gar freundlich, o Hänsel, welche Not!
Ihn wollt' sie braten im Ofen braun wie Brot.

3. Doch als die Hexe zum Ofen schaut hinein,
ward sie gestoßen von unserm Gretelein.
Die Hexe musste braten, die Kinder gehn nach Haus.
Nun ist das Märchen von Hans und Gretel aus.

Vor dem Spiel wählen die Kinder die Rollen: Hänsel und Gretel, Hexe – auch das Pfefferkuchenhaus stellen die Kinder dar: Dazu stellen sich zwei Kinder gegenüber, fassen sich an und bilden mit einem ausgestreckten Arm ein Dach, der andere Arm in Hüfthöhe stellt das Fenster dar, wodurch die Hexe schaut. Der Backofen wird wie das Pfefferkuchenhaus von zwei Kindern gebildet, hier beugt die Hexe den Oberkörper in die Öffnung und ist dann von den beiden Kindern umringt. Alle singen gemeinsam das Lied und spielen die Szenen nach.

Steingeschichten Erzählspiel

Die Kinder sammeln während diverser Spaziergänge zu unterschiedlichen Orten besondere Steine. Jeder bewahrt seine Lieblingssteine in einer persönlichen Sammelbox auf. In einer Erzählrunde stellt jedes Kind seinen Lieblingsstein vor und erzählt, wo es ihn gefunden hat, warum es ihn mitgenommen hat und was so besonders schön an diesem Stein ist.

Waldforscher Forscherspiel

Mitspieler: *10 Teilnehmer (ab ca. 5 Jahren), Spielleitung und Begleitung*

Spielort/-zeit: *Als Spielort ist ein nahe gelegenes Waldstück geeignet, die Spielzeit beträgt ohne Wegstrecke ca. 60 Minuten*

Material: *Zeichenpapier, Wachsstifte, Papprollen; pro Kind 1 Tragetasche, Rucksack mit Proviant (z. B. Brote, Getränke, Obst); Handy, Erste-Hilfe-Tasche*

Vor dem geplanten Termin erkunden Spielleitung und Begleitung die Wegstrecke und das Terrain, auf dem die Entdeckungsspiele stattfinden sollen. Zudem muss der Förster über die Unternehmung informiert sein (Sicherheit). In wettergerechter Kleidung macht sich am Aktionstag die Gruppe auf den Weg. Am Waldstück angekommen, verabredet die Gruppe aus Sicherheitsgründen einige Verhaltensregeln, z. B.:

- auf ein Zeichen hin versammeln sich alle
- keiner läuft weiter weg, nur bis zu ausgemachten Stellen
- es wird nichts gegessen, nur später der Proviant
- keiner reißt etwas aus der Erde oder vom Baum

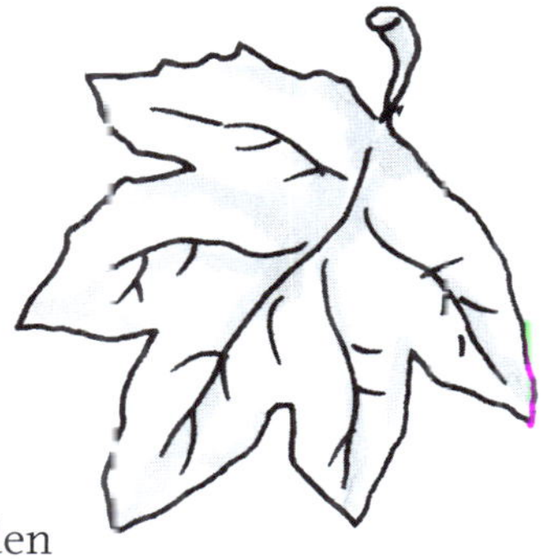

Jetzt kundschaften die Kinder das Waldstück aus und treffen sich nach einer Weile zum Picknick. Die Gruppe teilt in sich in die *Hans-* und die *Gretegruppe* (Abzählvers, s. S. 58). Die Spielleitung und die Begleitung stehen an zwei voneinander entfernten Standorten. Sie verteilen an die zwei Gruppen nacheinander die Forscher-Aufgaben (siehe Beispiele S. 64). Diese stehen auf einzelnen Karteikarten und werden den Kindern vorgelesen. Nach der Lösung einer Aufgabe

gehen Hans und Grete abwechselnd zur Spielleitung und bekommen die nächste Aufgabe gestellt. Die Erwachsenen bestätigen die Ergebnisse.

Die gesammelten Dinge legt jede Gruppe an eine markierte Stelle. Für das spätere Tastkim-Spiel legt die Leitung je ein Teil in den Karton.
Wenn beide Gruppen alle Aufgaben gelöst haben, präsentieren sie sich gegenseitig die Ergebnisse.

Beispiele für die Forscher-Aufgaben:

- Wie heißen die Bäume, die immer grün sind? Singt ein Lied über diesen Baum.
- Sammelt drei Zapfen! Von welchem Baum stammen sie? Findet ihn.
- Sammelt drei verschiedene Blätter. Von welchen Bäumen stammen sie? Kennt ihr ihre Namen?
- Sucht einen glatten Baumstamm und einen mit einer rauen Rinde. Sammelt ein Stück Rinde!
- Macht ein Bild von der Baumrinde! Legt dazu das Papierblatt auf die Rinde und malt mit dem Wachsstift darüber.
- Sammelt etwas Weiches Grünes, das auf dem Boden wächst! Welchen Namen hat es?
- Sammelt etwas Hartes, das auf dem Boden liegt! Welchen Namen hat es?
- Sammelt einige gerade Zweige und erfindet ein Hüpfspiel.
- Schaut durch eine Papprolle, sucht einen Platz und baut dort aus euren gesammelten Dingen eine kleine Waldwelt. Überlegt eine kurze Geschichte: Wer lebt in der kleinen Waldwelt? Wie heißen die Bewohner? Wie verbringen sie ihren Tag? Wer sind die nächsten Nachbarn? ... Erzählt uns eure Geschichte.

Als Abschluss: *Sammelt Dinge in eurer Tragetasche, die ihr zur Erinnerung mitnehmen möchtet.*

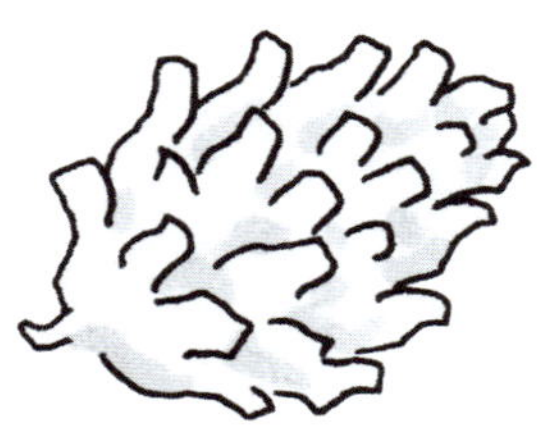

Kreative Gestaltung

Hexenwald im Schuhkarton

Material: *Schuhkarton, Transparentpapier, Papiermesser, Klebstoff; Dinge zum Gestalten eines Hexenwaldes, z. B. Moos, Laub, kleine Steine, Zapfen und Äste, Glitter, Watte, Knete*

In die Seitenteile eines Schuhkartons (Guck-)Löcher schneiden. Den Boden des Deckels ausschneiden (bis auf einen ca. 2 cm breiten Rand) und Transparentpapier einkleben. Den Innenraum des Kartons mit Moos, Ästen usw. zum Hexenwald gestalten, aus der Knete Figuren formen. Den Deckel aufsetzen und durch die seitlichen Löcher schauen. Was ist zu sehen?

Riesen-Hexenhaus

Material: *großer Karton (Fernseher oder Waschmaschine), Cuttermesser, Tonpapierreste, Stoffreste, Klebeband, Klebstoff, Scheren*

Mit Hilfe eines Erwachsenen in den Karton mit dem Cuttermesser eine Tür schneiden und auf den anderen Seiten Fenster anbringen. Anschließend die obere Seite vorsichtig auftrennen, beide Hälften zu einem Dreieck (Dach) aufstellen und aneinanderkleben. Das Kartonhaus nun mit den Papier- und/oder Stoffresten bekleben und in ein Hexenhaus verwandeln. Das fertige Hexenhaus kann für Rollenspiele oder als Erzählhaus zum Einsatz kommen.

Zaubersteine

Material: *kleine oder mittelgroße Steine, goldfarbene Lackfarbstifte (oder andere Farben)*

Auf Spaziergängen sammeln die Kinder Steine. In einer Gesprächsrunde beschreibt jeder Form und Struktur seines Lieblingssteins und was ihm besonders daran gefällt. Wer mag, kann die Besonderheiten des Steins mit einem Lackstift hervorheben und ihn als Zauberstein aufbewahren oder ihn verschenken. Mehrere Steine können zu einer Steinpyramide gestapelt oder (mit Kraftkleber) zu einer Figur zusammengeklebt werden.

Knusperhäuschen-Rezepte

Minihexenhaus

Zutaten: *2 Butterkekse, 2 Gummibärchen, einige Schokolinsen, 1 Bierdeckel, 1 Stück Alufolie, Puderzucker, Zitronensaft, etwas Wasser*

Den Bierdeckel in die Alufolie einschlagen. Puderzucker mit Zitronensaft und etwas Wasser zu einem geschmeidigen Guss verrühren. Die Kekse je an einer Seite mit Zuckerguss bestreichen und gegeneinander als Dreieck auf die Alufolie kleben. Gummibärchen unter das Keksdach kleben. Die Schokolinsen als Zaun auf den Deckelrand kleben.

Pfefferkuchenhäuschen

Zutaten: *2 EL Butter, 1 Tasse Vollrohrzucker (180 g), 2 Eier, 3½ Tassen Weizenmehl (375 g), ½ Päckchen Backpulver, 2 EL Honig, ½ Zitronenschale (gerieben, ungespritzt), 1 TL Zimt, ¼ TL Nelkenpulver, 1 Paket Puderzucker, Zitronensaft, ½ Tasse geschälte Mandeln, Rosinen, Haselnüsse*

Butter, Eier und Vollrohrzucker mit dem Handrührgerät schaumig rühren. Weizenmehl, Backpulver und die Gewürze unterrühren. Den Teig ausrollen und auf ein gefettetes, bemehltes Backblech legen. Bei 180°C etwa 15–20 Minuten backen. Noch heiß auf dem Blech in Rechtecke schneiden (ca. 7 x 10 cm – so entstehen fünf »Häuschen« pro Blech, andere Maße sind natürlich möglich).
Nach dem Auskühlen aus Puderzucker, Zitronensaft und etwas Wasser eine feste Zuckergussmasse herstellen. Zwei Rechtecke wie ein Dach mit Guss zusammenkleben. Einen Bierdeckel (oder anderes Pappstück) in Alufolie wickeln und als Pfefferkuchendach daraufsetzen (mit Zuckerguss), mit halbierten Mandeln, Rosinen, Haselnüssen verzieren.

Lebkuchen

Zutaten: *200 g Zucker, 1 Päckchen Vanillezucker, 1 TL Zimt, je eine Messerspitze Nelken-, Piment- und Kardamompulver, 200 g Mandeln (gerieben), 50 g Orangeat (gehackt), 75 g Zitronat (gehackt), Schale von einer ½ Zitrone (ungespritzt), 250 g Mehl, 4 Eier, 1 gestrichener TL Backpulver, 45 rechteckige Backoblaten (ca. 7 cm), Puderzucker, Mandeln zum Verzieren*

Die Eier mit dem Zucker und Vanillezucker in einer Schüssel schaumig rühren. Die Mandeln, das Orangeat und das Zitronat sowie die Gewürze dazugeben, ebenso das mit Backpulver gemischte Mehl. Die Masse zu einem Teig verarbeiten.

Den Teig etwa fingerdick auf die Oblaten geben und auf einem ungefettetem Blech 15–20 Minuten bei 175–200 °C backen.

Nachdem die Lebkuchen abgekühlt sind, aus Puderzucker einen Zuckerguss herstellen, damit die Lebkuchen bestreichen und sie je nach Geschmack mit abgezogenen halben Mandeln verzieren.

Rotkäppchen (KHM 26)

Das Märchen Rotkäppchen der Brüder Grimm gibt es in einer älteren französischen Fassung aus dem Jahre 1697 von dem Märchensammler Charles Perrault mit dem Titel »Le Petit Chaperon rouge«. Aber nur in der Grimmschen Fassung wird Rotkäppchen von dem Jäger aus dem Bauch des Wolfes befreit. Der hatte sie zuvor zum Blumenpflücken aufgefordert und in der Zwischenzeit die Großmutter gefressen.

Märchentext zum Vorlesen

Rotkäppchen

Es war einmal eine kleine süße Dirne, die hatte jedermann lieb, der sie nur ansah, am allerliebsten aber ihre Großmutter, die wusste gar nicht was sie alles dem Kinde geben sollte. Einmal schenkte sie ihm ein Käppchen von rotem Sammet, und weil ihm das so wohl stand, und es nichts anders mehr tragen wollte, hieß es nur das Rotkäppchen. Da sagte einmal seine Mutter zu ihm: »Komm, Rotkäppchen, da hast du ein Stück Kuchen und eine Flasche Wein, die bring der Großmutter hinaus: weil sie krank und schwach ist, wird sie sich daran laben, sei aber hübsch artig und grüß sie von mir, geh auch ordentlich, und lauf nicht vom Weg ab, sonst fällst du und zerbrichst das Glas, dann hat die kranke Großmutter nichts.«

Rotkäppchen sagte: »Ich will schon alles gut ausrichten«, und gab der Mutter die Hand darauf. Die Großmutter aber wohnte draußen im Wald, eine halbe Stunde vom Dorf. Wie nun Rotkäppchen in den Wald kam, begegnete ihm der Wolf. Rotkäppchen aber wusste nicht, was das für ein böses Tier war, und fürchtete sich nicht vor ihm. »Guten Tag, Rotkäppchen«, sprach er. »Schönen Dank, Wolf.« »Wo hinaus so früh, Rotkäppchen?« »Zur Großmutter.« »Was trägst du unter der Schürze?« »Kuchen und Wein für die kranke und schwache Großmutter; gestern haben wir gebacken, da soll sie sich etwas zu gut tun und sich stärken.« »Rotkäppchen, wo wohnt deine Großmutter?« »Noch eine gute Viertelstunde im Wald, unter den drei großen Eichbäumen, da steht ihr Haus, unten sind die Nusshecken, das wirst du ja wissen« sagte Rotkäppchen. Der Wolf dachte bei sich: »Das junge zarte Mädchen, das ist ein guter Bissen für dich: wie fängst du's an, dass du den kriegst?« Da ging er ein Weilchen neben Rotkäppchen her, dann sprach er: »Rotkäppchen, sieh einmal die schönen Blumen, die im Walde stehen, warum guckst du nicht um dich? Ich glaube du hörst gar nicht darauf, wie die Vöglein so lieblich singen? Du gehst ja für dich hin, als wenn du zur Schule gingst, und ist so lustig hausen in dem Wald.«

Rotkäppchen schlug die Augen auf, und als es sah wie die Sonne durch die Bäume hin und her sprang, und alles voll schöner Blumen stand, dachte es: »Wenn ich der Großmutter einen Strauß mitbringe, der wird ihr auch lieb sein; es ist ja noch früh, dass ich doch zu rechter Zeit ankomme«, und sprang in den Wald und suchte Blumen. Und wenn es eine gebrochen hatte, meinte es, weiter hinaus stände eine noch schönere und lief darnach, und lief immer tiefer in den Wald hinein. Der Wolf aber ging geradeswegs nach dem Haus der Großmutter und klopfte an die Türe. »Wer ist draußen?« »Rotkäppchen, das bringt dir Kuchen und Wein, mach auf.« »Drück nur auf die Klinke«, rief die Großmutter, »ich bin zu schwach, und kann nicht aufstehen.«

Der Wolf drückte auf die Klinke, trat hinein und ging, ohne ein Wort zu sprechen, geradezu an das Bett der Großmutter, und verschluckte sie. Dann nahm er ihre Kleider, tat sie an, setzte sich ihre Haube auf, legte sich in ihr Bett, und zog die Vorhänge vor.

Rotkäppchen aber war herumgelaufen nach Blumen, und als es so viel hatte, dass es keine mehr tragen konnte, fiel ihm die Großmutter wieder ein, und es machte sich auf den Weg zu ihr. Es wunderte sich, dass die Türe aufstand, und wie es in die Stube kam, sah's so seltsam darin aus, dass es dachte: »Ei, du mein Gott, wie ängstlich wird mir's heut zumut, und bin sonst so gerne bei der Großmutter!« Darauf ging es zum Bett und zog die Vorhänge zurück: Da lag die Großmutter, und hatte die Haube tief ins Gesicht gesetzt, und sah so wunderlich aus. »Ei, Großmutter, was hast du für große Ohren!« »Dass ich dich besser hören kann.« »Ei,

Großmutter, was hast du für große Augen!« »Dass ich dich besser sehen kann.« »Ei, Großmutter, was hast du für große Hände!« »Dass ich dich besser packen kann.« »Aber Großmutter, was hast du für ein entsetzlich großes Maul!« »Dass ich dich besser fressen kann.« Und wie der Wolf das gesagt hatte, sprang er aus dem Bette und auf das arme Rotkäppchen, und verschlang es.

Wie der Wolf den fetten Bissen im Leibe hatte, legte er sich wieder ins Bett, schlief ein und fing an, überlaut zu schnarchen. Der Jäger ging eben vorbei und dachte bei sich: »Wie kann die alte Frau so schnarchen, du musst einmal nachsehen ob ihr etwas fehlt.« Da trat er in die Stube, und wie er vor das Bett kam, so lag der Wolf darin, den er lange gesucht hatte. Nun wollte er seine Büchse anlegen, da fiel ihm ein: »Vielleicht hat er die Großmutter gefressen, und ich kann sie noch retten«, und schoss nicht, sondern nahm eine Schere und schnitt dem schlafenden Wolf den Bauch auf. Wie er ein paar Schnitte getan, da sah er das rote Käppchen leuchten, und wie er noch ein wenig geschnitten, da sprang das Mädchen heraus und rief: »Ach, wie war ich erschrocken, was war's so dunkel in dem Wolf seinem Leib!« Und dann kam die alte Großmutter auch lebendig heraus. Rotkäppchen aber holte große schwere Steine, damit füllten sie dem Wolf den Leib, und wie er aufwachte, wollte er fortspringen, aber die Steine waren so schwer, dass er gleich niedersank und sich tot fiel.

Da waren alle drei vergnügt; der Jäger nahm den Pelz vom Wolf, die Großmutter aß den Kuchen und trank den Wein, den Rotkäppchen gebracht hatte, und Rotkäppchen dachte bei sich: »Du willst dein Lebtag nicht wieder allein vom Wege ab in den Wald laufen, wenn dir's die Mutter verboten hat.«

Fragen zum Gespräch mit den Kindern

- *Warum hat die Mutter das Mädchen alleine zur Großmutter gehen lassen?*
- *Warum macht das Mädchen, was der Wolf ihr vorschlägt?*
- *Was sollten Eltern und Kind verabreden, wenn das Kind allein unterwegs ist?*
- *Was hast du mit deinen Eltern ausgemacht, wenn du alleine Freunde besuchst?*

Spiele und Lieder

Ist Großmutter zu Haus? Fangspiel

Material: *Wolfsmaske (s. S. 49)*

Die Spieler bilden einen Kreis und fassen sich an den Händen. Zwei Spieler sind Rotkäppchen und Großmutter/Wolf. Die Großmutter/Wolf sitzt mit der Maske im Kreis. Rotkäppchen geht außerhalb des Kreises von einem Spieler zum anderen und stellt ihnen die fünf Fragen:

1.	*»Ist Großmutter zu Haus?«*	Antwort: *»Ja.«*
2.	*»Warum hat sie so große Augen?«*	Antwort: *»Damit sie dich besser sehen kann.«*
3.	*»Warum hat sie so große Ohren?«*	Antwort: *»Damit sie dich besser hören kann.«*
4.	*»Warum hat sie so ein großes Maul?«*	Antwort: *»Damit sie dich besser fressen kann.«*
5.	*»Warum hat sie so große Hände?«*	Antwort: *»Damit sie dich besser packen kann.«*

Nach der fünften Auskunft springt Großmutter/Wolf auf und versucht aus dem Kreis zu laufen, um Rotkäppchen zu fangen. Dazu heben zwei vorher bestimmte Spieler ihre Arme hoch zu einem Tor. Rotkäppchen läuft derweil außen um den Kreis herum und versucht durch die gleiche Öffnung in den Kreis zu gelangen. Das Spiel endet, wenn Großmutter/Wolf sich außerhalb des Kreises befindet und Rotkäppchen innerhalb steht.

Jäger und Wolf Suchspiel

Material: *2 Tücher, mehrere Glöckchen an einem Band befestigt*

Alle Spieler bilden einen Kreis und fassen sich an den Händen. Zwei Spieler sind Wolf und Jäger, sie stehen beide mit verbundenen Augen im Kreis. Der Kreis ist die Sicherheitsgrenze. Der Wolf trägt die Glöckchenkette. Der Jäger versucht nun, den Wolf zu fangen. Der Wolf weicht ihm aus, er bewegt sich so ruhig wie nur möglich. Berührt der Jäger den Wolf, ist die Spielrunde zu Ende und beide bestimmen das nächste Spielerpaar.

Rotkäppchen Liedspiel

Text und Melodie: Richard Rudolf Klein

2. Rotkäppchen, wo gehst du hin?	Wolf
Zur Großmutter mein.	Rotkäppchen
Ich bringe ihr Kuchen und Wein	
3. Rotkäppchen, wo wohnt sie denn?	Wolf
Nicht ferne von hier.	Rotkäppchen
Drei Tannen steh'n vor ihrer Tür.	
4. Rotkäppchen, pflück einen Strauß,	Wolf
die Blümelein dort!	
So sagte der Wolf und ging fort.	Alle
5. Lief zu dem Großmütterlein,	Alle
verschlang es im Nu	
und legte sich nieder zur Ruh.	

Gesprochen: *Da kam Rotkäppchen an und fragte erstaunt:*

Rotkäppchen: *Ei, Großmutter, was hast du für große Ohren?*
Wolf: *Dass ich dich besser hören kann.*
Rotkäppchen: *Ei, Großmutter, was hast du für große Augen?*
Wolf: *Dass ich dich besser sehen kann.*
Rotkäppchen: *Ei, Großmutter, was hast du für große Hände?*
Wolf: *Dass ich dich besser packen kann.*
Rotkäppchen: *Ei, Großmutter, was hast du für ein entsetzlich großes Maul?*
Wolf: *Dass ich dich besser fressen kann.*

6. Auf sprang der Wolf und verschlang,	Alle
das Rotkäppchen klein	
und müde und satt schlief er ein.	
7. Aber ein Jäger vernahm	Alle
des Wolfes Geschnauf,	
er kam und schnitt ihm den Bauch auf.	
8. Rotkäppchen sprang heil hervor	
und Großmutter auch.	
Ach, war es so dunkel im Bauch!	Großmutter
9. Lieber Herr Jäger, hab Dank!	Großmutter
Bei Kuchen und Wein	Alle
woll'n fröhlich zusammen wir sein!	

Material: *Korb für Rotkäppchen, Stuhl, Decke*

Die Spielrollen werden zu Beginn des Liedspiels verteilt: Rotkäppchen, Wolf, Großmutter, Jäger. Alle Teilnehmer sitzen im Kreis, und die Großmutter sitzt auf dem Stuhl und bedeckt sich mit der Decke. Der Jäger sucht sich einen Standort. Wolf und Rotkäppchen gehen im Kreis umher und treffen sich. Die Strophen wie angegeben im Wechselgesang vortragen oder gemeinsam singen. Die Hauptdarsteller führen die Bewegungen pantomimisch vor

Wir woll'n einmal spazieren gehen — Fangspiel

Material: *Wolfsmaske (s. S. 49)*

Ein Spieler ist der schwarze Wolf, der hinter einem Baum an der Ziellinie wartet. In einiger Entfernung von ihm entfernt gehen die anderen Mitspieler an der Startlinie auf und ab. Sie rufen im Sprechchor den Vers:

Wir woll'n einmal spazieren gehen
in unserm schönen Garten,
wenn bloß der schwarze Wolf nicht käm,
wir woll'n so lange warten.
Um eins kommt er nicht,
um zwei kommt er nicht,
um drei kommt er nicht,
(… bis elf fortsetzen)
um zwölf da kommt der schwarze Wolf!

Nun kommt der Wolf aus seinem Versteck hervor und fängt einen Spieler, der ebenfalls zum schwarzen Wolf wird, und beide gehen zu seinem Versteck und die Gruppe zurück an die Startlinie. Die Wolfgruppe vergrößert sich, bis nur noch ein Spieler übrig ist. Dieser ist in der neuen Runde der Wolf.

Rotkäppchen-Quiz Frage- und Antwortspiel

Material: *17 Karten mit den aufgemalten Symbolen der richtigen Antwort*

1. *Wie heißt das Mädchen mit der roten Kappe?*
2. *Was schenkte die Großmutter dem Mädchen?*
3. *Was bringt Rotkäppchen ihrer Großmutter zum Essen?*
4. *Was bringt Rotkäppchen ihrer Großmutter zum Trinken?*
5. *Wo wohnt die Großmutter?*
6. *Wem begegnet Rotkäppchen im Wald?*
7. *Was sagt der Wolf zu Rotkäppchen?*
8. *Was denkt sich Rotkäppchen?*
9. *Was setzt sich der Wolf auf den Kopf, nachdem er die Großmutter verschluckte?*
10. *Rotkäppchen will wissen, warum die »Großmutter« so große Augen hat.*
11. *Rotkäppchen will wissen, warum die »Großmutter« so große Ohren hat.*
12. *Rotkäppchen will wissen, warum die »Großmutter« so große Hände hat.*
13. *Rotkäppchen will wissen, warum die »Großmutter« so ein großes Maul hat.*
14. *Wer hat den Wolf schnarchen gehört?*
15. *Womit schneidet der Jäger den Bauch des Wolfes auf?*
16. *Womit füllten sie den Bauch des Wolfes?*
17. *Was machen Rotkäppchen, die Großmutter und der Jäger zum Schluss?*

Die Spieler sitzen im Kreis, die Karten liegen auf einem Stapel, mit der Bildseite nach unten in der Kreismitte. Der erste Spieler deckt eine Karte auf, schaut das Bild an und stellt seinem linken Nachbarn die dazu passende Frage. Gibt der die falsche Antwort, wird die Karte verdeckt neben den Kartenstapel gelegt, ist es die richtige Antwort, darf der er die Karte behalten. Er deckt nun die nächste Karte auf und stellt die passende Frage ebenso seinem linken Nachbarn. Reihum werden die Karten von beiden Stapeln nacheinander aufgedeckt. Sind sie alle verbraucht, ist der Spieler Quizkönig, der die meisten Karten hat.

Kreative Gestaltung

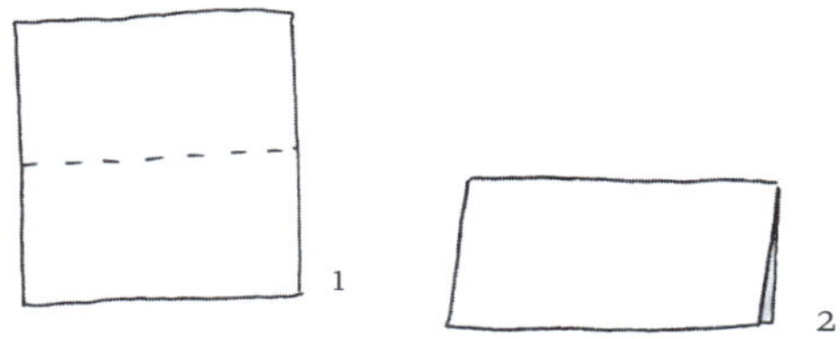

Rote Kappe

Material: *rechteckiges rotes Tonpapier, Hutgummi*

Das Papier der Länge nach zur Hälfte falten (2). Die Ecken rechts und links so umlegen, dass in der Mitte noch ein freies Feld sichtbar bleibt (3). Eine untere, offene Seite nach oben klappen (4). Die Arbeit herumdrehen und die andere Seite ebenfalls hochklappen (5). Alle Faltkanten gut ausstreichen. Die Ränder der Kappe seitlich zusammenklammern (6) und mit einem Hutgummi versehen.

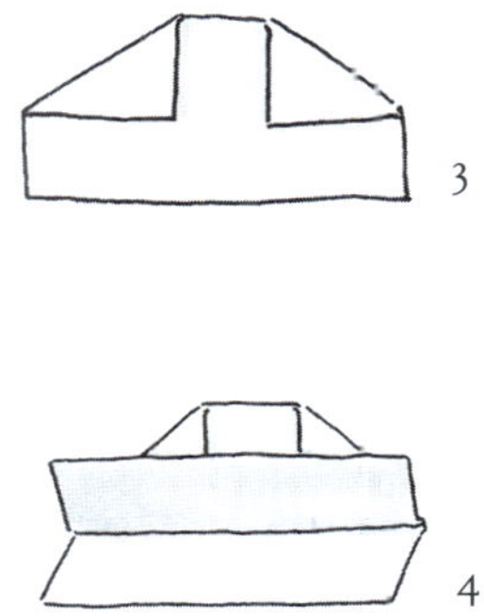

Rotkäppchenhaus-Lotto

Material: *24 weiße Tonpapierkarten (4,5 x 4,5 cm), Buntstifte, 4 Tonpapierkarten (29 x 20 cm), Laminiergerät*

Herstellung: *Auf 12 kleine Karten jeweils 2 gleiche Motive (z. B. Blume, Korb, Flasche, Kappe, Bett, Wolf) malen. Auf weiteren 12 kleinen Karten zweimal den Begriff zu jedem Bildmotiv schreiben (mit Hilfe eines Erwachsenen). Auf die vier großen Karten (Hauskarte) sechs Fenster zeichnen (4,5 x 4,5 cm). In die jeweils 6 Kästchen 3 Bildmotive und 3 Wörter der kleinen Karten übertragen. Zum Schluss alle Karten laminieren.*

Spielhinweis: Die vier Hauskarten an die Spieler verteilen. Die kleinen Karten liegen als Wort-Stapel oder Bild-Stapel in der Mitte. Nacheinander nimmt jeder Spieler eine Karte von einem Stapel, benennt das Bild oder Wort und legt sie auf seine Hauskarte, wenn darauf das Wort oder das Bild vorhanden ist. Ist das Motiv nicht auf seiner Karte, fragt er in die Runde, wer das Motiv hat. Das Spiel endet, wenn alle Karten aufgeteilt wurden.

Blumenwiese

Material: *1 großer Bogen Malpapier (Tapete), Wasserfarbe, Pinsel, Filzstifte, Schere, 12 weiße Tonpapierkarten (8 x 8 cm)*

Herstellung: *Zunächst auf das Malpapier eine große grüne Wiese malen, trocknen lassen. Mit Filzstiften auf die weißen Tonpapierkarten die Umrisse großer Blumenblüten zeichnen, ausschneiden. Die ausgeschnittenen Blumenblüten auf die getrocknete Wiese legen und den Blütenumriss zeichnen. Beide Blüten nun gleichfarbig ausmalen. An die Wiesenblumen noch Stängel und Blätter malen.*

Spielhinweis: Die Blumenwiese liegt in der Mitte, die Blumenblüten verdeckt auf einem Stapel daneben. Nacheinander nehmen die Spieler eine Blüte und ordnen sie der Wiesenblume zu. Liegen alle Blüten auf dem richtigen Platz, werden sie wieder nacheinander gepflückt. Dazu wünscht sich jeder Spieler von seinem Nachbarn eine bestimmte Blüte, indem er ein bestimmtes Merkmal benennt.

Rezept für eine Rotkäppchentorte

Rotkäppchentorte

Zutaten (Teig): *100 g Butter, 150 g Zucker, 3 Eier, 200 g Mehl, 1 P Backpulver*

Zutaten (Belag): *500 g Quark (Magerquark), 2 P Vanillezucker, 3 EL Zucker, 3 P Sahnesteif, 2 Becher Sahne, 1 Glas Sauerkirschen, 250 ml Saft (Kirschsaft), 1 P Tortenguss*

Die Zutaten für den Teig zusammen verrühren und in eine Springform füllen. 1 Glas abgetropfte Sauerkirschen darauf verteilen. Den Saft zur Seite stellen. Den Boden 40–50 Min. bei mittlerer Hitze (175°) backen, auskühlen lassen.

Belag: Sahne steif schlagen. Quark, Zucker und Sahnesteif verrühren und die Sahne sorgfältig unterheben, nicht rühren. Einen Tortenring um den erkalteten Kuchen legen und die Quarkmasse gleichmäßig darauf verteilen. 2–4 Std. kalt stellen. Danach ¼ l Kirschsaft mit Tortenguss andicken und über dem Kuchen verteilen.

Der Froschkönig (KHM 1)

Das Tier-Verwandlungsmärchen erzählt von der wunderschönen Königstochter, die erkennt, dass sie ein gegebenes Versprechen einzulösen hat und Verantwortung übernehmen muss. Und auch der Frosch erlebt eine Verwandlung, nämlich die zu einem unabhängigen Erwachsenen.

Märchentext zum Vorlesen

Der Froschkönig

In den alten Zeiten, wo das Wünschen noch geholfen hat, lebte ein König, dessen Töchter waren alle schön, aber die jüngste war so schön, dass sich die Sonne selber, die doch so oft vieles gesehen hat, darüber verwunderte, so oft sie ihr ins Gesicht schien. Nahe bei dem Schlosse des Königs lag ein großer dunkler Wald, und in dem Walde unter einer alten Linde war ein Brunnen: Wenn nun der Tag recht heiß war, so ging das Königskind hinaus in den Wald und setzte sich an den Rand des kühlen Brunnens, und wenn sie Langeweile hatte, so nahm sie eine goldene Kugel, warf sie in die Höhe und fing sie wieder; und das war ihr liebstes Spielwerk.

Nun trug es sich einmal zu, dass die goldene Kugel der Königstochter nicht in das Händchen fiel, das sie ausgestreckt hatte, sondern neben vorbei auf die Erde schlug, und geradezu ins Wasser hineinrollte. Die Königstochter folgte ihr mit den Augen nach, aber die Kugel verschwand, und der Brunnen war tief, und gar kein Grund zu sehen. Da fing sie an zu weinen, und weinte immer lauter, und konnte sich gar nicht trösten. Und wie sie so klagte, rief ihr jemand zu: »Was hast du vor, Königstochter, du schreist ja, dass sich ein Stein erbarmen möchte.« Sie sah sich um, woher die Stimme käme, da erblickte sie einen Frosch, der seinen dicken hässlichen Kopf aus dem Wasser streckte. »Ach, du bist's, alter Wasserpatscher«, sagte sie, »ich weine über meine goldne Kugel, die mir in den Brunnen hinabgefallen ist.« »Gib dich zufrieden«, antwortete der Frosch, »ich kann wohl Rat schaffen, aber was gibst du mir, wenn ich dein Spielwerk wieder heraufhole?« »Was du willst, lieber Frosch«, sagte sie, »meine Kleider, meine Perlen und Edelsteine, dazu die goldne Krone, die ich trage.« Der Frosch antwortete: »Deine Kleider, deine Perlen und Edelsteine, deine goldne Krone, die mag ich nicht: aber wenn du mich lieb haben willst, und ich soll dein Geselle und Spielkamerad sein, an deinem Tischlein neben dir sitzen, von deinem goldnen Tellerlein essen, aus deinem Becherlein trinken, in deinem Bettlein schlafen: wenn du mir das versprichst, so will ich dir die goldne Kugel wieder aus dem Grunde hervorholen.«

»Ach ja«, sagte sie, »ich verspreche dir alles, wenn du mir nur die Kugel wieder bringst.« Sie dachte aber: »Was der einfältige Frosch schwätzt, der sitzt im Wasser bei seines Gleichen und quakt und kann keines Menschen Geselle sein.«

Der Frosch, als er die Zusage erhalten hatte, tauchte seinen Kopf unter, sank hinab, und über ein Weilchen kam er wieder heraufgerudert, hatte die Kugel im Maul und warf sie ins Gras. Die Königstochter war voll Freude, als sie ihr schönes Spielwerk wieder erblickte, hob es auf und sprang damit fort. »Warte, warte«, rief der Frosch, »nimm mich mit, ich kann nicht so laufen wie du.« Aber

was half ihm, dass er ihr sein quak quak so laut nachschrie als er konnte! Sie hörte nicht darauf, eilte nach Haus, und hatte bald den armen Frosch vergessen, der wieder in den tiefen Brunnen hinabsteigen musste.

Am andern Tage, als sie mit dem König und allen Hofleuten an der Tafel saß und von ihrem goldnen Tellerlein aß, da kam, plitsch platsch, plitsch platsch, etwas die Marmortreppe heraufgekrochen, und als es oben angelangt war, klopfte es an der Tür, und rief: »Königstochter, jüngste, mach mir auf.« Sie lief und wollte sehen, wer draußen wäre, als sie aber aufmachte, so saß der Frosch davor. Da warf sie die Tür hastig zu, setzte sich wieder an den Tisch, und war ihr ganz angst. Der König sah dass ihr das Herz gewaltig klopfte, und sprach: »Ei, was fürchtest du dich, steht etwa ein Riese vor der Tür und will dich holen?« »Ach nein«, antwortete das Kind, »es ist kein Riese, sondern ein garstiger Frosch, der hat mir gestern im Wald meine goldene Kugel aus dem Wasser geholt, dafür versprach ich ihm, er sollte mein Geselle werden, ich dachte aber nimmermehr, dass er aus seinem Wasser heraus könnte: nun ist er draußen, und will zu mir herein.« Indem klopfte es zum zweiten Mal und rief

»Königstochter, jüngste,
mach mir auf,
weißt du nicht was gestern
du zu mir gesagt
bei dem kühlen Brunnenwasser?
Königstochter, jüngste,
mach mir auf.«

Da sagte der König: »Hast du's versprochen, musst du's auch halten; geh und mach ihm auf.« Sie ging und öffnete die Türe, da hüpfte der Frosch herein, ihr immer auf dem Fuße nach, bis zu ihrem Stuhl. Da saß er und rief: »Heb mich herauf zu dir!« Sie wollte nicht, bis es der König befahl. Als der Frosch auf den Stuhl gekommen war, sprach er: »Nun schieb mir dein goldenes Tellerlein näher, damit wir zusammen essen.« Das tat sie auch, aber man sah wohl, dass sie's nicht gerne tat. Der Frosch ließ sich's gut schmecken, aber ihr blieb fast jedes Bisslein im Halse. Endlich sprach er: »Nun hab ich mich satt gegessen und bin müde, trag mich hinauf in dein Kämmerlein und mach dein seiden Bettlein zurecht, da wollen wir uns schlafen legen.« Da fing die Königstochter an zu weinen und fürchtete sich vor dem kalten Frosch, den sie nicht anzurühren getraute, und der nun in ihrem schönen reinen Bettlein schlafen wollte. Der König aber blickte sie zornig an und sprach: »Was du versprochen hast, sollst du auch halten, und der Frosch ist dein Geselle.« Es half nichts, sie mochte wollen oder nicht, sie musste den Frosch mitnehmen. Da packte sie ihn ganz bitterböse mit zwei Fingern und trug ihn hinauf, und als sie im Bett lag, statt ihn hineinzuheben, warf sie ihn aus allen Kräften an die Wand und sprach: »Nun wirst du Ruhe haben, du garstiger Frosch.«

Was aber herunterfiel war nicht ein toter Frosch, sondern ein lebendiger junger Königssohn mit schönen und freundlichen Augen. Der war nun von Recht und mit ihres Vaters Willen ihr lieber Geselle und Gemahl. Da schliefen sie vergnügt zusammen ein, und am andern Morgen, als die Sonne sie aufweckte, kam ein Wagen herangefahren mit acht weißen Pferden bespannt, die waren mit Federn geschmückt und gingen in goldenen Ketten, und hinten stand der Diener des jungen Königs, das war der treue Heinrich. Der treue Heinrich hatte sich so betrübt, als sein Herr war in einen Frosch verwandelt worden, dass er drei eiserne Bande hatte müssen um sein Herz legen lassen, damit es ihm nicht vor Weh und Traurigkeit zerspränge. Der Wagen aber sollte den jungen König in sein Reich abholen; der treue Heinrich hob beide hinein, und stellte sich wieder hinten auf, voller Freude über die Erlösung. Und als sie ein Stück Wegs gefahren waren, hörte der Königssohn hinter sich, dass es krachte, als wäre etwas zerbrochen. Da drehte er sich um, und rief

»Heinrich, der Wagen bricht.«
»Nein, Herr, der Wagen nicht,
es ist ein Band von meinem Herzen,
das da lag in großen Schmerzen,
als ihr in dem Brunnen saßt,
als ihr eine Fretsche (Frosch) was't (wart).«

Noch einmal und noch einmal krachte es auf dem Weg, und der Königssohn meinte immer, der Wagen bräche, und es waren doch nur die Bande, die vom Herzen des treuen Heinrich absprangen, weil sein Herr wieder erlöst und glücklich war.

Fragen zum Gespräch mit den Kindern

- *Warum will der Frosch dem weinenden Mädchen helfen?*
- *Was denkt das Mädchen, als sie dem Frosch das Versprechen gibt?*
- *Warum will der König, dass seine Tochter dem Frosch die Tür öffnet?*
- *Wie findest du das Verhalten des Mädchens?*

Spiele und Lieder

Blinder Frosch   Orientierungsspiel

Material: *1 goldene Kugel (z. B. einen Tischtennisball mit Goldfolie bekleben), Augenbinde, Korb*

Die Spielgruppe (ca. 10 Spieler) bildet den Brunnen, indem sie sich auf dem Boden eng in einen Kreis setzt. Es werden ein Frosch und eine Prinzessin bestimmt. Der Frosch verbindet seine Augen, die Prinzessin versteckt die Kugel am »Brunnenrand«. Der Frosch wird zur Desorientierung ein paar Mal im Kreis gedreht, dann muss er auf dem Boden kriechend erst die Kugel suchen und diese dann in einen Korb legen, der vor der Prinzessin steht. Die Prinzessin hilft, indem sie je nach Bedarf „heiß“ oder „kalt“ sagt. Jeder ist einmal entweder Prinzessin oder Frosch.

Froschteich   Bewegungsspiel

Material: *6–10 Reifen, CD-Player mit Musik-CD*

Die Reifen liegen im Raum verteilt. Die Spieler hüpfen zur Musik auf allen vieren von einem Reifen in den anderen. Stoppt die Musik, muss jeder Frosch in einem Teich sitzen.

Variante: Bei dem Musikstopp ruft die Spielleitung eine Zahl, entsprechend der Zahl sammeln sich die Frösche in einem Teich.

Froschkönig, wie tief ist der Brunnen   Bewegungsspiel

Die Spielergruppe (die Frösche) steht einem Spieler, dem Froschkönig, in einem Abstand vom ca. fünf Metern gegenüber. Er steht an einer Hauswand, einem Zaun oder Baum. Die Frösche rufen: »*Froschkönig, Froschkönig, wie tief ist der Brunnen?*« Der Froschkönig antwortet, und nennt eine Zahl zwischen eins und zehn, z. B. »*Vier Schritte tief!*«. Die Gruppe geht vier Schritte auf ihn zu und zählt dabei laut bis vier. In der Zeit muss der Froschkönig versuchen, andere Frösche zu fangen, sie werden in der nächsten Runde auch zu Fängern. Sind alle Frösche eingefangen, beginnt die nächste Spielrunde mit einem anderen Froschkönig.

König der Frösche Bewegungsspiel

Ein Spieler erhält eine Krone, er ist der König der Frösche. Die anderen Spieler hocken wie Frösche verteilt im Raum und quaken. Der König geht umher. Wenn er einen Frosch berührt, springt dieser auf und versteinert zu einem Prinzen / einer Prinzessin. Sind alle Frösche »versteinert«, bestimmt der König seinen Nachfolger und die anderen Spieler werden wieder zu Fröschen.

Prinz Frosch und die goldne Kugel Liedspiel

Text und Melodie: Autorinnen

2. Am Brunnen saß ein Fröschlein, ganz grün und klein.
   das war einmal ein Prinz, musst verzaubert sein.
   Sag, wer mag das Fröschlein sein,
   das im Brunnen sitzt allein, mit den großen, runden Äugelein.

3. Doch die gold'ne Kugel, so schön und fein,
   fiel plötzlich in den tiefen Brunnen rein.
   Sag, wer mag das Mädchen sein, das da spielt im Wald allein,
   mit der goldenen Kugel, so schön und fein.

4. Da kam der kleine Frosch bringt die Kugel raus,
   und will mit ihr sogleich in das Königshaus.
   Sag, wer mag das Fröschlein sein,
   das im Brunnen sitzt allein, mit den großen,
   runden Äugelein.

5. Der Frosch will aber auch gern beim Festmahl sein,
doch die Prinzessin löst ihr Versprechen nicht ein.
Sag, wer mag das Mädchen sein, das da spielt im Wald allein,
mit der goldenen Kugel, so schön und fein.

6. Der Frosch, der wollte schlafen, sie nahm ihn auf die Hand,
das war ihr dann zu eklig, sie warf ihn an die Wand.
Sag, wer mag das Fröschlein sein,
das im Brunnen sitzt allein, mit den großen, runden Äugelein.

7. Der Frosch wurde zum Prinzen, ein Zauber geschah.
Wie froh war die Prinzessin: »Ganz wunderbar!
Hochzeit feiern woll'n wir heut, sehen soll'n es alle Leut'!«
Und wenn sie nicht gestorben sind, dann leben sie noch heut.

Material: *1 goldene Kugel (z. B. einen Tischtennisball mit Goldfolie bezogen)*

Vor Spielbeginn werden die Rollen besetzt: König, Prinzessin, Frosch, Prinz, Brunnen (5 Spieler hocken eng im Kreis zusammen). Die Zuschauer singen das Lied und die Darsteller bewegen sich dazu pantomimisch. Bei der Liedwiederholung einen Rollentausch vornehmen.

Kugelkönig   Geschicklichkeitsspiel

Material: *pro Spieler 3 tennisballgroße Kieselsteine, Goldfarbe, 1 Karton oder Korb*

Herstellung: *Zunächst die Steine mit der Goldfarbe besprühen oder anstreichen und gut trocknen lassen.*

Spielhinweis: Die Spieler versuchen, von einer Ziellinie aus ihre Kugeln nacheinander in den Karton zu werfen. Wem es gelingt, der bekommt einen Punkt, wer zuerst 10 Punkte hat, ist Kugelkönig.

Abzählvers

Eins, zwei, drei, vier, fünf, sechs, sieben,
wo ist denn der Prinz geblieben?
Sitzt im Brunnen macht quak-quak –
und du bist ab.

Wer fängt die goldne Kugel Bewegungsspiel

Material: *Gymnastikball mit Goldfolie umwickelt*

Die Spieler stehen in einem großen Kreis. In der Mitte steht die Prinzessin oder der Prinz und wirft den Goldball in die Höhe und ruft dazu: *Quak quak Gurgel – wer fängt die goldne Kugel*? Der Fänger ist der nächste Prinz oder die Prinzessin

Prinz und Prinzessin Fingerspiel

Text: Autorinnen

Der Prinz, das ist ein stolzer Mann.	Rechte Hand zeigen,
Schaut die Prinzessin freudig an.	linke Hand zeigen,
Sie tanzen hin, sie tanzen her,	beide Hände bewegen sich hin und her,
nach vorn, nach hinten fällt nicht schwer.	von sich weg, zu sich heran,
Sie drehen sich im Kreise.	Hände drehen,
Nun schaut mal zu und seid ganz leise.	Zeigefinger an den Mund legen,
Zum Schluss umarmen sie sich sacht,	
und wünschen: »Eine gute Nacht!«	Hände miteinander verschränken

Den Text sprechen und dazu die angegebenen Handbewegungen ausführen. Das Fingerspiel kann gut zur Beruhigung oder vor dem Schlafengehen gespielt werden.

Springfrösche Geschicklichkeitsspiel

Material: *pro Spieler 2 flache Knöpfe und eine flache Dose o. Ä.*

Die Dose steht in der Mitte der Spieler auf einer glatten Spielfläche. Nacheinander versuchen die Spieler nun, einen Knopf in die Dose zu schnipsen. Dies gelingt, indem sie mit dem zweiten Knopf fest auf die Kante des anderen Knopfes drücken.

Variante: Die Spieler erhalten mehrere Knöpfe und zählen zum Schluss die Anzahl in der Dose. Wem die meisten gehören, ist Springfroschkönig.

Kreative Gestaltung

Faltfroschkönig

Material: *grünes, quadratisches Falt- oder Tonpapier, Buntstifte*

1. Das Quadrat diagonal zu einem Dreieck falten
   Wieder öffnen und es auch in die andere Richtung diagonal zur Hälfte zu einem Dreieck falten.
   Danach wieder zum Quadrat öffnen
2. Das Quadrat nun zur Hälfte zu einem Rechteck falten.
   Wieder öffnen und es auch in die andere Richtung zur Hälfte zum Rechteck falten.
3. Das entstandene Rechteck nochmals zur Hälfte falten und die rechte Kante nach links falten.
4. Danach die Spitze links unten öffnen und sie nach rechts zu einem Dreieck umfalten.
5. Die Faltarbeit nun komplett auf die Rückseite umdrehen und den gleichen Faltschritt wiederholen.

6./7. Jetzt die rechte untere Ecke nach oben in die Mitte falten.
Mit der rechten Ecke das gleiche wiederholen, sie auch nach oben zur Mitte falten.

8. Den Kopf des Frosches ist erkennbar.
   Die Faltarbeit nun wieder komplett Teil auf die Rückseite umdrehen.
9. Für die Beine die linke Kante auf die Mittellinie falten. Die rechte Kante ebenfalls auf die Mittellinie falten.
   Im Anschluss die linke Kante in Pfeilrichtung zurückfalten.
   Mit diesem Faltschritt entsteht auch das rechte Bein
10. Die Arbeit jetzt umdrehen. Der Frosch ist fertig gefaltet.
    Mit Malstiften nun Augen, Zunge und evtl. eine Krone malen.

1

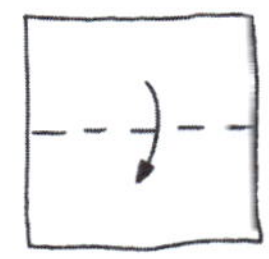
2

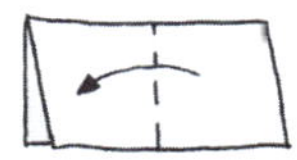
3

4

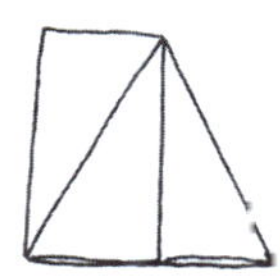
5

6

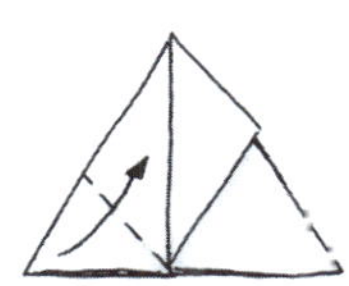
7

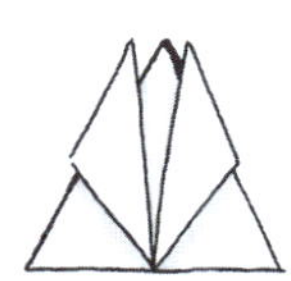
8

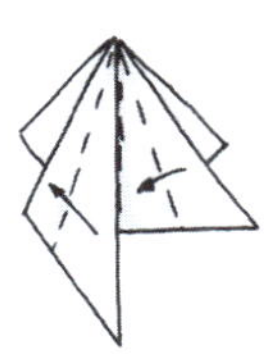
9

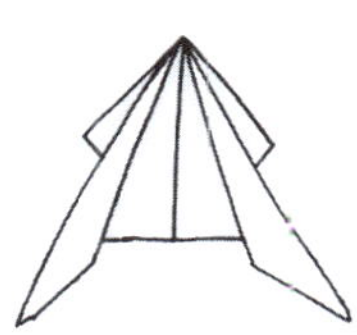
10

Luftballonfrosch

Material: *Luftballon, grünes Transparentpapier, Tonpapier, Kleister, Filzstifte, Klebstoff*

Den Ballon aufblasen und das Mundstück verknoten. Transparentpapier in Stücke reißen und mit Kleister in mehreren Schichten auf den Ballon kleben. Trocknen lassen. In der Zwischenzeit aus dem Tonpapier Füße für den Ballonfrosch ausschneiden. Den Ballon aus der getrockneten Transparenthülle entfernen. Mit Filzstiften ein Froschgesicht aufmalen und die Kugel auf die Tonpapierfüße kleben.

Spielhinweis: Aus einiger Entfernung Ping-Pong-Bälle in die Öffnung werfen.

Rezepte zum Froschkönigfest

Grießkugel im grünen Brunnen

Zutaten (ca. 14 Kugeln): *1 P Götterspeise (Waldmeistergeschmack), ¼ l Milch, 100 g Grieß, 30 g Butter, 1 Ei, 1 EL Zucker, 1 Priese Salz, ggf. 1 Messerspitze Safran (zur Goldfärbung)*

Salz, Zucker, Butter, Safran in die Milch geben und die Masse zum Kochen bringen. Den Grieß langsam einrieseln lassen und stets rühren, bis sich die Grießmasse vom Topfboden in einem dicken Klumpen löst. Den Teig abkühlen lassen, nach dem Abkühlen 1 Ei hineinarbeiten. Dann mit zwei Teelöffeln Kugeln formen und sie in einen Topf mit heißem Wasser geben. Zur besseren Handhabung die Löffel nach jeder Kugel in eine Tasse mit heißem Wasser tauchen. Die Klößchen ca. 10 Minuten leicht kochen lassen. Schwimmen sie oben, sind sie fertig.
Die kalten Grießkugeln in eine flache Glasschale legen oder jede Kugel in ein kleines Glas füllen.
Die Götterspeise nach Herstellerangaben zubereiten. Die noch flüssige Masse vorsichtig in die Gläser/Glasschale gießen und fest werden lassen.

Tipp: Geschlagene Sahne oder kalte Vanillesoße dazu reichen.

Goldene Eier auf Spinat

Zutaten: *1 Paket (300 g) tiefgefrorener gehackter Spinat, 4 hart gekochte Eier*

Den Spinat nach Herstellerangaben zubereiten. Die hart gekochten Eier pellen und vorsichtig die Eigelbkugel aus dem Eiweiß lösen, das Eiweiß fein hacken und die Eigelbkugel halbieren. Die Spinatmasse auf einen runden Teller füllen, die Eiweißbrösel gleichmäßig auf den Spinatrand geben und die halbierten Eiweißkugeln auf dem Spinat verteilen.

Aschenputtel (KHM 21)

Das Märchen Aschenputtel von den Brüdern Grimm heißt bei Ludwig Bechstein (Märchensammler, 1801–1860) »Aschenbrödel« und im englischen Sprachraum »Cinderella«. Es ist ein bei Kindern sehr beliebtes Märchen und es zeigt auf seine märchenhafte Weise, welche Schritte zur Entwicklung der Persönlichkeit zu unternehmen sind, wenn man die volle Selbstverwirklichung erreichen will.

Märchentext zum Vorlesen

Aschenputtel

Einem reichen Manne dem wurde seine Frau krank, und als sie fühlte dass ihr Ende herankam, rief sie ihr einziges Töchterlein zu sich ans Bett und sprach »Liebes Kind, bleib fromm und gut, so wird dir der liebe Gott immer beistehen, und ich will vom Himmel auf dich herabblicken, und will um dich sein.« Darauf tat sie die Augen zu und verschied. Das Mädchen ging jeden Tag hinaus zu dem Grabe der Mutter und weinte, und blieb fromm und gut. Der Schnee aber deckte ein weißes Tüchlein auf das Grab, und als die Sonne es wieder herabgezogen hatte, nahm sich der Mann eine andere Frau.

Die Frau hatte zwei Töchter mit ins Haus gebracht, die schön und weiß von Angesicht waren, aber garstig und schwarz von Herzen. Da ging eine schlimme Zeit für das arme Stiefkind an. »Was soll das Geschöpf in den Stuben*«, sprachen sie, »wer Brot essen will, muss es verdienen: hinaus mit der Küchenmagd.« Sie nahmen ihm seine schönen Kleider weg, zogen ihm einen grauen alten Kittel an, lachten es dann aus und führten es in die Küche. Da musste es so schwere Arbeit tun, früh vor Tag aufstehn, Wasser tragen, Feuer anmachen, kochen und waschen. Obendrein taten ihm die Schwestern alles ersinnliche Herzeleid an, verspotteten es, und schütteten ihm die Erbsen und Linsen in die Asche, sodass es sitzen und sie wieder auslesen musste. Abends, wenn es sich müde gearbeitet hatte, kam es in kein Bett, sondern musste sich neben den Herd in die Asche legen. Und weil es darum immer staubig und schmutzig aussah, nannten sie es Aschenputtel.

Es trug sich zu, dass der Vater einmal in die Messe ziehen wollte, da fragte er die beiden Stieftöchter, was er ihnen mitbringen sollte? »Schöne Kleider«, sagte die eine, »Perlen und Edelsteine« die zweite. »Nun, Aschenputtel«, sprach er, »was willst du haben?« »Vater, das erste Reis, das euch auf eurem Heimweg an den Hut stößt, das brecht für mich ab.« Er kaufte nun für die beiden Stiefschwestern schöne Kleider, Perlen und Edelsteine, und auf dem Rückweg, als er durch einen grünen Busch ritt, streifte ihn ein Haselreis und stieß ihm den Hut ab. Da brach er das Reis ab, und nahm es mit. Als er nach Haus kam, gab er den Stieftöchtern was sie sich gewünscht hatten, und dem Aschenputtel gab er das Reis von dem Haselbusch. Aschenputtel dankte ihm, ging zu seiner Mutter Grab, und pflanzte das Reis darauf, und weinte so sehr, dass es von seinen Tränen begossen ward. Es wuchs aber und ward ein schöner Baum. Aschenputtel ging alle Tage dreimal darunter, weinte und betete, und allemal kam ein Vöglein auf den Baum, und das Vöglein gab ihm was es sich wünschte.

Es begab sich aber, dass der König ein Fest anstellte, das drei Tage dauern sollte, damit sich sein Sohn eine Braut aussuchen möchte. Die zwei Stiefschwestern waren auch dazu eingeladen, riefen Aschenputtel und sprachen: »Kämm uns die Haare, bürste uns die Schuhe und schnalle uns die Schnallen, wir tanzen auf des Königs Fest.« Das tat Aschenputtel und weinte, weil es auch gern zum Tanz mitgegangen wär, und bat die Stiefmutter gar sehr, sie möchte es ihm erlauben. »Du Aschenputtel«, sprach sie, »hast nichts am Leib, und hast keine Kleider, und kannst nicht tanzen, und willst zur Hochzeit!« Als es noch weiter bat, sprach sie endlich: »Da habe ich dir eine Schüssel Linsen in die Asche geschüttet, und wenn du die Linsen in zwei Stunden wieder ausgelesen hast, so sollst du mitgehen.« Das Mädchen ging vor die Hintertüre nach dem Garten zu, und rief:

»Ihr zahmen Täubchen, ihr Turteltäubchen, all ihr Vöglein unter dem Himmel, kommt und helft mir lesen,
die guten ins Töpfchen,
die schlechten ins Kröpfchen.«

Da kamen zum Küchenfenster zwei weiße Täubchen herein, und darnach die Turteltäubchen, und endlich schwirrten und schwärmten alle Vöglein unter dem Himmel herein, und ließen sich um die Asche nieder. Und die Täubchen nickten mit den Köpfchen, und fingen an pik, pik, pik, pik, und da fingen die übrigen auch an pik, pik, pik, pik, und lasen alle guten Körnlein in die Schüssel. Wie eine Stunde herum war, waren sie schon fertig und flogen alle wieder hinaus. Da brachte das Mädchen die Schüssel der Stiefmutter und freute sich und glaubte, es dürfte nun mit auf die Hochzeit gehen. Aber sie sprach: »Nein, du Aschenputtel, du hast keine Kleider und kannst nicht tanzen, du sollst nicht mitgehen.« Als es nun weinte, sprach sie: »Wenn du mir zwei Schüsseln voll Linsen in einer Stunde aus der Asche rein lesen kannst, so sollst du mitgehen«, und dachte dabei: »Das kann es nimmermehr!« Nun schüttete sie zwei Schüsseln Linsen in die Asche; aber das Mädchen ging vor die Hintertüre nach dem Garten zu, und rief:

»Ihr zahmen Täubchen, ihr Turteltäubchen, all ihr Vöglein unter dem Himmel, kommt und helft mir lesen,
die guten ins Töpfchen,
die schlechten ins Kröpfchen.«

Da kamen zum Küchenfenster zwei weiße Täubchen herein, und danach die Turteltäubchen, und endlich schwirrten und schwärmten alle Vöglein unter dem Himmel herein und ließen sich um die Asche nieder. Und die Täubchen nickten mit ihren Köpfchen, und fingen an pik, pik, pik, pik, und da fingen die übrigen auch an pik, pik, pik, pik und lasen alle guten Körner in die Schüsseln. Und eh eine halbe Stunde herum war, waren sie schon fertig und flogen alle wieder hinaus. Da brachte das Mädchen der Stiefmutter die Schüsseln und freute sich und glaubte, nun dürfte es mit auf die Hochzeit gehen. Aber sie sprach: »Es hilft dir alles nichts: Du kommst nicht mit, denn du hast keine Kleider und kannst nicht tanzen, und wir müssten uns nur schämen.« Darauf ging sie mit ihren zwei Töchtern fort.

Als nun niemand mehr daheim war, ging Aschenputtel zu seiner Mutter Grab unter den Haselbaum und rief:

»Bäumchen rüttel dich und schüttel dich,
wirf Gold und Silber über mich.«

Da warf ihm der Vogel ein golden und silbern Kleid herunter und mit Seide und Silber ausgestickte Pantoffeln. Da zog es das Kleid an und ging zur Hochzeit. Seine Schwestern aber und die Stiefmutter kannten es nicht und meinten, es müsste eine fremde Königstochter sein, so schön sah es in den reichen Kleidern aus. An Aschenputtel dachten sie gar nicht und glaubten, es läge daheim im Schmutz. Der Königssohn kam ihm entgegen und nahm es bei der Hand und tanzte mit ihm. Er wollte auch mit sonst niemand tanzen, also dass er ihm die Hand nicht losließ, und wenn ein anderer kam, es aufzufordern, sprach er: »Das ist meine Tänzerin.«

Er tanzte bis es Abend war, da wollte es nach Haus gehen. Der Königssohn aber sprach: »Ich gehe mit und begleite dich«, denn er wollte sehen, wem das schöne Mädchen angehörte. Sie entwischte ihm aber und sprang in das Taubenhaus. Nun wartete der Königssohn bis der Vater kam und sagte ihm, das fremde Mädchen wär in das Taubenhaus gesprungen. Da dachte er: »Sollte es Aschenputtel sein?«, und sie mussten Axt und Hacken bringen, damit er das Taubenhaus entzweischlagen konnte – aber es war niemand darin. Und als sie ins Haus kamen, lag Aschenputtel in seinen schmutzigen Kleidern in der Asche, und ein trübes Öllämpchen brannte im Schornstein; denn Aschenputtel war geschwind durch das Taubenhaus gesprungen und zu dem Haselbäumchen gegangen, da hatte es die schönen Kleider ausgetan und aufs Grab gelegt, und der Vogel hatte sie wieder weggenommen, und dann hatte es sich in seinem grauen Kittelchen in die Küche zur Asche gesetzt.

Am andern Tag, als das Fest von Neuem anhub und die Eltern und Stiefschwestern wieder fort waren, ging Aschenputtel zu dem Haselbaum und sprach:

»Bäumchen, rüttel dich und schüttel dich,
wirf Gold und Silber über mich.«

Da warf der Vogel ein noch viel stolzeres Kleid herab als am vorigen Tag. Und als es mit diesem Kleide auf der Hochzeit erschien, erstaunte jedermann über seine Schönheit. Der Königssohn aber hatte gewartet bis es kam, nahm es gleich bei der Hand und tanzte nur allein mit ihm. Wenn die andern kamen und es aufforderten, sprach er: »Das ist meine Tänzerin.« Als es nun Abend war, wollte es fort, und der Königssohn ging mit und wollte sehen, in welches Haus es ginge: Aber es sprang ihm fort und in den Garten hinter dem Haus. Darin stand ein schöner großer Birnbaum voll herrlichem Obst, auf den stieg es gar behend, und der Königssohn wusste nicht, wo es hingekommen war. Er wartete aber bis der Vater kam und sprach zu ihm: »Das fremde Mädchen ist mir entwischt, und ich glaube, es ist auf den Birnbaum gesprungen.« Der Vater dachte: »Sollte es Aschenputtel sein?«, und ließ sich die Axt holen und hieb den Baum um, aber es war niemand darauf. Und als sie in die Küche kamen, lag Aschenputtel da in der Asche, wie gewöhnlich, denn es war auf der andern Seite vom Baum herabgesprungen, hatte dem Vogel auf dem Haselbäumchen die schönen Kleider wiedergebracht und sein graues Kittelchen angezogen.

Am dritten Tag, als die Eltern und Schwestern fort waren, ging Aschenputtel wieder zu seiner Mutter Grab und sprach zu dem Bäumchen:

»Bäumchen, rüttel dich und schüttel dich,
wirf Gold und Silber über mich.«

Nun warf ihm der Vogel ein Kleid herab, das war so prächtig, wie es noch keins gehabt hatte, und die Pantoffel waren ganz golden. Als es zu der Hochzeit kam, wussten sie alle nicht, was sie vor Verwunderung sagen sollten, der Königssohn tanzte ganz allein mit ihm, und wenn es einer aufforderte, sprach er: »Das ist meine Tänzerin.«

Als es nun Abend war, wollte Aschenputtel fort, und der Königssohn wollte es begleiten, aber es entsprang ihm. Doch verlor es seinen linken ganz goldenen Pantoffel, denn der Königssohn hatte Pech auf die Treppe streichen lassen, und daran blieb er hängen. Nun nahm er den Schuh und ging am andern Tag damit zu dem Mann und sagte, die sollte seine Gemahlin werden, an deren Fuß dieser goldene Schuh passte. Da freuten sich die beiden Schwestern, weil sie schöne Füße hatten. Die Älteste ging mit dem Schuh in die Kammer, und wollte ihn anprobieren, und die Mutter stand dabei. Aber sie konnte mit der großen Zehe nicht hineinkommen, und der Schuh war ihr zu klein. Da reichte ihr die Mutter ein Messer und sprach: »Hau die Zehe ab, wann du Königin bist, so brauchst du nicht mehr zu Fuß zu gehen.« Das Mädchen hieb die Zehe ab, zwängte den Fuß hinein und ging zum Königssohn. Der nahm sie als seine Braut aufs Pferd und ritt mit ihr fort. Sie mussten aber an dem Grabe vorbei, da saßen die zwei Täubchen auf dem Haselbäumchen und riefen:

»Rucke di gu, rucke di gu,
Blut ist im Schuh,
der Schuh ist zu klein,
die rechte Braut sitzt noch daheim«.

Da blickte er auf ihren Fuß und sah, wie das Blut herausquoll. Er wendete sein Pferd um, brachte die falsche Braut wieder nach Haus, und sagte, das wäre nicht die rechte, die andere Schwester sollte den Schuh anziehen. Da ging diese in die Kammer und kam mit den Zehen in die Schuh, aber hinten die Ferse war zu groß. Da reichte ihr die Mutter ein Messer und sprach: »Hau ein Stück von der Ferse ab, wann du Königin bist, brauchst du nicht mehr zu Fuß zu gehen.« Das Mädchen hieb ein Stück von der Ferse ab, zwängte den Fuß in den Schuh und ging heraus zum Königssohn. Der nahm sie als seine Braut aufs Pferd und ritt mit ihr fort. Als sie an dem Haselbäumchen vorbeikamen, saßen die zwei Täubchen darauf und riefen:

»Rucke di gu, rucke di gu,
Blut ist im Schuh,
der Schuh ist zu klein,
die rechte Braut sitzt noch daheim«.

Er blickte nieder auf ihren Fuß und sah, wie das Blut aus dem Schuh quoll und an den weißen Strümpfen ganz rot heraufgestiegen war. Da wendete er sein Pferd und brachte die falsche Braut wieder zurück. »Das ist auch nicht die rechte«, sprach er, »habt ihr keine andere Tochter?« »Nein«, sagte der Mann, »nur von meiner verstorbenen Frau ist noch ein kleines garstiges Aschenputtel da, das kann aber nicht die Braut sein.« Der Königssohn sprach, er sollt es heraufschicken, die Mutter aber antwortete: »Ach nein, das ist viel zu schmutzig, das darf sich nicht sehen lassen.« Er wollte es aber durchaus haben, und Aschenputtel musste gerufen werden. Da wusch es sich erst Hände und Angesicht rein, ging dann hin und neigte sich vor dem Königssohn, der ihm den goldenen Schuh reichte. Nun streifte es den schweren Schuh vom linken Fuß ab, setzte diesen auf den goldenen Pantoffel und drückte ein wenig, so stand es darin, als wär er ihm angegossen. Und als es sich aufbückte, erkannte er es im Angesicht und sprach: »Das ist die rechte Braut!« Die Stiefmutter und die beiden Schwestern erschraken und wurden bleich vor Ärger, er aber nahm Aschenputtel aufs Pferd und ritt mit ihm fort. Als sie an dem Haselbäumchen vorbeikamen, riefen die zwei weißen Täubchen:

»Rucke di gu, rucke di gu,
kein Blut im Schuh,
der Schuh ist nicht zu klein,
die rechte Braut, die führt er heim.«

Und als sie das gerufen hatten, kamen sie beide herabgeflogen und setzten sich dem Aschenputtel auf die Schultern, eine rechts, die andere links, und blieben da sitzen.

Als die Hochzeit mit dem Königssohn sollte gehalten werden, kamen die falschen Schwestern, wollten sich einschmeicheln und Teil an seinem Glück nehmen. Als die Brautleute nun zur Kirche gingen, war die älteste zur rechten, die jüngste zur linken Seite, da pickten die Tauben einer jeden das eine Auge aus; hernach als sie herausgingen, war die älteste zur linken, und die jüngste zur rechten, da pickten die Tauben einer jeden das andere Auge aus: Und waren sie also für ihre Bosheit und Falschheit mit Blindheit auf ihr Lebtag gestraft.

Fragen zum Gespräch mit den Kindern

- *Wie behandelt die Stiefmutter das Aschenputtel, und warum ärgern die Schwestern das Aschenputtel?*
- *Warum beschützt der Vater seine Tochter nicht?*
- *Wie würdest du dem Aschenputtel begegnen?*
- *Warum wünscht sich Aschenputtel keine schöne Kleidung und Schmuck wie ihre Stiefschwestern, sondern nur einen Zweig?*
- *Warum verlässt Aschenputtel jedes Mal das Fest?*
- *Werden die Schwestern zu Recht bestraft?*

Spiele und Lieder

Aschenputtels Anziehwettlauf Bewegungsspiel

Material: *2 T-Shirts, 2 Hosen, 2 Paar Schuhe, 2 Hüte*

Die Spieler bilden vier Gruppen, je zwei Gruppen stehen sich in einer festgelegten Entfernung gegenüber. Die Kleidungsstücke liegen auf einer Seite. Auf ein Kommando hin ziehen zwei Spieler die Kleidung an, laufen zu der gegenüberstehenden Gruppe, ziehen sich aus, und der nächste Spieler zieht die Kleidung an, läuft zur anderen Seite, zieht sich aus, der nächste zieht die Kleidung an und läuft zurück. So lange wiederholen, bis alle Spieler dran waren. Bei jeder Gruppe kann ein neutraler »Wächter« darauf achten, dass die Kleidung richtig angezogen wird und die Schnürsenkel geschlossen werden.

Liebesbaum verwechsel dich Fangspiel

Am besten wird das Fangspiel im Wald oder Park mit einem großen Baumbestand gespielt. Jeder Spieler berührt einen Baumstamm. Der Fänger läuft zwischen den Baumstämmen hin und her. Wenn er laut ruft: »*Liebesbaum verwechsel dich!*«, wechseln alle Spieler ihren Baumstandplatz, rennen zu einem anderen Baum und fassen ihn an. Fängt oder berührt der Rufer einen Spieler, hilft dieser dem Fänger oder wechselt die Spielrolle.

Königliche Modenschau Verkleidungsspiel

Material: *alte Gardinen, Tüll- und Stoffreste, Tortenspitze, goldenes Geschenkband, Sicherheitsnadeln sowie weitere Verkleidungsstücke und Requisiten*

Gemeinsam stellen alle Mitspieler aus den vorhandenen Materialien Prinzenroben und Prinzessinnen-Kleider zusammen. Jedes Kind gibt seinem Festkleid einen Namen, etwa Modell *Abendtraum* oder *Tanzputtel* und stellt es bei einer Modenschau vor. Die Zuschauer bewerten es mit Beifall. Wer bekommt die meiste Zustimmung?

Aschenputtel Singspiel

Text und Melodie überliefert

2. »Aschenputtel bleibt zu Haus!
Diese Erbsen suchst du raus!«
»Kommt ihr Täubchen, fliegt herein,
kommt und helft mir fleißig sein.

Gesprochen:
Die guten ins Töpfchen,
die Schlechten ins Kröpfchen.

3. Pickt, ihr Täubchen, helft mir fein!
Und schon sind die Erbsen rein.«
»Aschenputtel, hier bleibst du,
hast kein Kleid und auch kein Schuh.«

4. Liebes Bäumchen schüttel dich,
wirf ein Kleidchen über mich!«
Und das Bäumchen und der Wind
bringt ein Kleid dem armen Kind.

5. Aschenputtel geht zum Ball,
war die Schönste in dem Saal.
Tanzte mit dem Prinz im Nu
und verlor dabei den Schuh

6. Und es rief der Prinz ganz laut:
»Wem der Schuh passt, wird die Braut.«
Allen war der Schuh zu klein,
Aschenputtel passte rein.

7. Auf dem Schloss soll Hochzeit sein,
auch die Täubchen fliegen ein.
Alle klatschen in die Hände
und das Märchen ist zu Ende.

Spielhinweis: Vor dem Spiel die entsprechenden Rollen verteilen: Aschenputtel, Stiefmutter, zwei Stiefschwestern, mehrere Tauben, Baum, Prinz. Alle Kinder bilden einen Kreis. Die Akteure singen und führen passende Bewegungen (evtl. mit Requisiten) zum Text aus.

Aschenputtels Schuhsalat Wahrnehmungsspiel

Die Spieler sitzen im Kreis, ziehen ihre Schuhe aus und stapeln sie in der Kreismitte. Ein Spieler wird zum Prinzen bestimmt. Er zieht die Schuhe den Besitzern wieder über.

Sechs ins Töpfchen Würfelspiel

Material: *pro Spieler ½ Eierkarton (Sechserpack), eine Schale mit getrockneten Linsen und kleinen Kieselsteinchen, 1 Würfel*

Die Spieler würfeln nacheinander und sortieren entsprechend der gewürfelten Punktzahl die Linsen und Steine in die Töpfchen des Eierkartons. Wer als Erster von jeder Sorte sechs Stück in drei Töpfchen gesammelt hat, ist Sieger.

Wem passt der Schuh? Wahrnehmungsspiel

Material: *Schuhe, Verpackungstüten oder Schuhkartons*

Jeder Spieler zieht einen Schuh aus und steckt ihn in eine Tüte (Schuhkarton). Alle Tüten nebeneinander legen. Ein Spieler wird zum Schuhprinzen bestimmt. Er darf in eine Tüte greifen, den Schuh ertasten und den Eigentümer des Schuhs nennen. Ist die Zuordnung richtig, darf er weitermachen, ist sie falsch, darf der nächste Spieler weitermachen. Wer die meisten Schuhe richtig zuordnet, ist der Schuhprinz.

Kreative Gestaltung

Aschegesichter

Material: *kalte Asche in einer Schale (vom Lager- oder Kaminfeuer), Kleister, Malpapier, Glitzerpulver*

Mit einem Finger und dem Kleister die Umrisse eines Gesichtes auf das Blatt zeichnen. Die Finger trocken wischen. Anschließend die Asche mit ein wenig Glitzerpulver vermengen und mit zwei Fingern die Glitzerasche sorgfältig auf die Kleisterlinien streuen.

Rätsel

Asche, Linsen, Schuhe, Taube,
welches Mädchen will unter die Haube?

Prinzessinnenschuhe

Material: *ausrangierte Schuhpaare, Reste von Gold- und Silberfolienpapier, Klebstoff, Schere*

Papierreste zu kleinen Kugeln knüllen und als »Juwelen« auf die Schuhe kleben.

Spielhinweis: Die fertigen Schuhe für Rollenspiele benutzen oder für ein Prinzenschuh-Memory.

Schuhprinzessin und Schuhprinz Kartenspiel

Material: *20 Karten (10 x 10 cm) aus Fotokarton schneiden, Filzstifte*

Auf zwei Spielkarten jeweils ein Paar Schuhe malen, auf jede Karte einen Schuh. Auf ein Schuhpaar jeweils eine Krone malen. Zum Spielen die Karten verdeckt auf den Tisch legen. Durch das Umdrehen von zwei Karten soll das zusammengehörende Schuhpaar gefunden werden. Wem es gelingt, darf weitermachen, passen die Schuhe nicht zusammen, ist der nächste Spieler dran. Wer das Kartenpaar mit der Krone erhält, ist Schuhprinz oder -prinzessin.

Zauberbaum pflanzen Forscherspiel

Material: *Blumentopf, Blumenerde, Schaufel, Gießkanne, Baumfrüchte (Haselnuss, Eichel, Kastanie oder Bucheckern), Glas, Wasser*

Die Baumfrucht über Nacht in einem Glas mit Wasser einweichen. Am nächsten Tag Erde in den Blumentopf füllen und die eingeweichte Baumfrucht in der Topfmitte in die Erde stecken. Den Topf an einen dunklen und warmen Ort stellen. In der nächsten Zeit den Topf beobachten, die Erde sollte immer etwas feucht sein. Wenn die Setzlinge zu sehen sind, den Topf auf die Fensterbank stellen und weiter regelmäßig gießen. Im Frühjahr kann der Topf mit dem Setzling auch nach draußen gestellt werden. Wohin soll der Zauberbaum umgepflanzt werden, wenn er größer wird?

Rezepte zum Aschenputtelfest

Linsensuppe

Zutaten: *2 Tassen kleine Linsen (ca. 250 g, über Nacht in 1 ½ –2 l Wasser einweichen), 5 mittelgroße Kartoffeln, 2 mittlere Möhren, ¼ Sellerie, 1 Porreestange, 1 TL Salz, 1 MSP Pfeffer, Obstessig nach Geschmack*

Kartoffeln, Möhren, Sellerie schälen und würfeln, Porree waschen, die äußere Schicht entfernen, die Stange in der Länge halbieren und in Streifen schneiden. Linsen mit dem Einweichwasser zum Kochen bringen, Kartoffeln, Suppengemüse, Salz und Pfeffer dazugeben, ca. 45 Minuten kochen. Abschließend mit Obstessig abschmecken.

Variation: 2 Tassen Erbsen über Nacht einweichten, Kochzeit ca. 60 Minuten, ohne Essig.

Linsensprossen

Zutaten: *1 EL getrocknete Linsen, Wasser, Schraubglas*

Die Linsen in das Schraubglas geben, Wasser auffüllen und etwa 24 Stunden stehen lassen. Alles durch ein Sieb abgießen, die Linsen mit frischem Wasser spülen und zurück in das Glas geben. Den Deckel nur leicht auflegen (nicht zudrehen!). Jeden Morgen und Abend den Vorgang wiederholen, bis sich nach zwei bis drei Tagen weiß-grüne Linsensprossen bilden. Kleinere Mengen schmecken roh als Salatbeilage, größere Mengen vor dem Verzehr kurz blanchieren.

Linsensprossen-Möhrensalat

Zutaten: *350 g Möhren, 200 g Linsensprossen, 30 g gehackte Mandeln, 4 Stängel Petersilie, 2 EL Apfelessig, 1 EL Sesamöl, 1 EL Olivenöl, 3 EL flüssige Sahne (oder Joghurt), Salz, Pfeffer, Zucker zum Abschmecken*

Die Linsensprossen in kochendes Salzwasser geben und knapp 3 Minuten kochen lassen. Danach sofort abgießen und in kaltes Wasser schütten. Möhren grob raspeln, eine kleine Zwiebel fein würfeln und zu den Möhren geben. Eine Handvoll gehackte Mandeln dazu und alles mischen. Mit Salz, Pfeffer und 1 TL Zucker würzen. Eine Marinade aus Apfelessig, Sesam- und Olivenöl und Sahne mischen. Die Petersiliestängel hacken und mit den Linsen und den Möhren gut mischen, die Marinade unterheben.

Linsensprossen-Möhrenauflauf

Zutaten: *1 kg Möhren, Butter zum Ausfetten der Auflaufform, 1 EL Olivenöl, Kräutersalz, Pfeffer, 4 Tassen Linsensprossen, 500 g Quark, etwas Milch, 1 Ei, Paprikapulver, 150 g geriebener Käse, 1 Zwiebel, Petersilie, 2 Knoblauchzehen*

Möhren waschen, schälen und in Scheiben schneiden. In einer Pfanne mit dem Öl leicht anbraten und mit der Petersilie, Salz und Pfeffer leicht würzen. Die Masse in eine Auflaufform geben, die Sprossen darüber verteilen. Den Quark mit der Milch und dem Ei cremig rühren, mit Salz, Pfeffer und Paprikapulver abschmecken. Die gewürfelte Zwiebel und den zerdrückten Knoblauch unter den Quark rühren. Quark auf die Sprossen geben, Käse darüber streuen Auflauf bei 200 Grad circa 40 Minuten backen.

Dornröschen (KHM 50)

Das Märchen Dornröschen wurde von den Brüdern Grimm 1812 in die Märchensammlung aufgenommen. Die französische Fassung „La belle au bois dormant" von Charles Perrault erschien schon 1697. Deutsche Märchenforscher vergleichen den Inhalt des Märchens mit der Nibelungensage. Der Psychologe Bruno Bettelheim interpretiert den Dornröschenschlaf als ein typisches Pubertäts-Phänomen der äußeren Passivität: »Der glückliche Ausgang gewährleistet dem Kind, dass es nicht dauernd im scheinbaren Nichtstun verhaftet bleiben wird« (Bettelheim, Kinder brauchen Märchen, S. 262).

Märchentext zum Vorlesen

Dornröschen

Vor Zeiten war ein König und eine Königin, die sprachen jeden Tag: »Ach, wenn wir doch ein Kind hätten!« und kriegten immer keins. Da trug sich zu, als die Königin einmal im Bade saß, dass ein Frosch aus dem Wasser ans Land kroch, und zu ihr sprach: »Dein Wunsch wird erfüllt werden, und du wirst eine Tochter zur Welt bringen.« Was der Frosch vorausgesagt hatte, das geschah, und die Königin gebar ein Mädchen, das war so schön, dass der König vor Freude sich nicht zu lassen wusste und ein großes Fest anstellte. Er ladet nicht bloß seine Verwandte, Freunde und Bekannte, sondern auch die weisen Frauen dazu ein, damit sie dem Kind hold und gewogen würden. Es waren ihrer dreizehn in seinem Reiche, weil er aber nur zwölf goldene Teller hatte, von welchen sie essen sollten, konnte er eine nicht einladen. Die geladen waren kamen, und als das Fest vorbei war, beschenkten sie das Kind mit ihren Wundergaben: die eine mit Tugend, die andere mit Schönheit, die dritte mit Reichtum, und so mit allem, was Herrliches auf der Welt ist. Als elfe ihre Wünsche eben getan hatten, kam die dreizehnte herein, die nicht eingeladen war, und sich dafür rächen wollte. Sie rief: »Die Königstochter soll sich in ihrem fünfzehnten Jahr an einer Spindel stechen und tot hinfallen.« Da trat die zwölfte hervor, die noch einen Wunsch übrig hatte. Zwar konnte sie den bösen Ausspruch nicht aufheben, aber sie konnte ihn doch mildern, und sprach: »Es soll aber kein Tod sein, sondern ein hundertjähriger tiefer Schlaf, in welchen die Königstochter fällt.«

Der König, der sein liebes Kind vor dem Unglück gerne bewahren wollte, ließ den Befehl ausgehen, dass alle Spindeln im ganzen Königreiche sollten abgeschafft werden. An dem Mädchen aber wurden die Gaben der weisen Frauen sämtlich erfüllt, denn es war so schön, sittsam, freundlich und verständig, dass es jedermann, der es ansah, liebhaben musste. Es geschah, dass an dem Tage, wo es gerade fünfzehn Jahr alt ward, der König und die Königin nicht zu Haus waren, und das Mädchen ganz allein im Schloss zurückblieb. Da ging es aller Orten herum, besah Stuben und Kammern, wie es Lust hatte, und kam endlich auch an einen alten Turm. Es stieg eine enge Treppe hinauf und gelangte zu einer kleinen Türe. In dem Schloss steckte ein verrosteter Schlüssel, und als es umdrehte, sprang die Türe auf, und saß da in einem kleinen Stübchen eine alte Frau und spann emsig ihren Flachs. »Ei du altes Mütterchen«, sprach die Königstochter, »was machst du da?« »Ich spinne«, sagte die Alte, und nickte mit dem Kopf. »Wie das Ding so lustig herumspringt!«, sprach das Mädchen, nahm die Spindel, und wollte auch spinnen. Kaum hatte sie aber die Spindel angerührt, so ging der Zauberspruch in Erfüllung, und sie stach sich damit.

In dem Augenblicke aber, wo sie den Stich empfand, fiel sie auch nieder in einen tiefen Schlaf. Und der König und die Königin, die eben zurückgekommen waren, fingen an mit dem ganzen Hofstaat einzuschlafen. Da schliefen auch die Pferde im Stall ein, die Hunde im Hofe, die Tauben auf dem Dache, die Fliegen an der Wand, ja, das Feuer, das auf dem Herde flackerte, ward still und schlief ein, und der Braten hörte auf zu brutzeln, und der Koch, der den Küchenjungen, weil er etwas versehen hatte, in den Haaren ziehen wollte, ließ ihn los und schlief, und alles was lebendigen Atem hatte, ward still und schlief.

Rings um das Schloss aber begann eine Dornenhecke zu wachsen, die jedes Jahr höher ward, und endlich das ganze Schloss umzog, und drüber hinaus wuchs, dass gar nichts mehr, selbst nicht die Fahnen auf den Dächern, zu sehen war. Es ging aber die Sage in dem Land von dem schönen schlafenden Dornröschen, denn so wurde die Königstochter genannt, also dass von Zeit zu Zeit Königssöhne kamen und durch die Hecke in das Schloss dringen wollten. Es war ihnen aber nicht möglich, denn die Äste hielten sich, als hätten sie Hände zusammen, und die Jünglinge blieben in den Dornen hängen und starben jämmerlich. Nach langen Jahren kam wieder ein Königssohn durch das Land, dem erzählte ein alter Mann von der Dornhecke, es sollte ein Schloss dahinter stehen, in welchem eine wunderschöne Königstochter, Dornröschen genannt, schliefe, und mit ihr schliefe der ganze Hofstaat. Er erzählte auch, dass er von seinem

Großvater gehört, wie viele Königssöhne schon versucht hätten durch die Dornenhecke zu dringen, aber darin hängen geblieben und eines traurigen Todes gestorben wären. Da sprach der Jüngling: »Das soll mich nicht abschrecken, ich will hindurch und das schöne Dornröschen sehen.« Der Alte mochte ihm abraten, wie er wollte, er hörte gar nicht darauf.

Nun waren aber gerade an dem Tag, wo der Königssohn kam, die hundert Jahre verflossen. Und als er sich der Dornenhecke näherte, waren es lauter große schöne Blumen, die taten sich von selbst auseinander, dass er unbeschädigt hindurchging: und hinter ihm taten sie sich wieder als eine Hecke zusammen. Er kam ins Schloss, da lagen im Hof die Pferde und scheckigen Jagdhunde und schliefen, auf dem Dache saßen die Tauben und hatten das Köpfchen unter den Flügel gesteckt. Und als er ins Haus kam, schliefen die Fliegen an der Wand, der Koch in der Küche hielt noch die Hand, als wollte er den Jungen anpacken, und die Magd saß vor dem schwarzen Huhn, das sollte gerupft werden. Da ging er weiter, und sah im Saale den ganzen Hofstaat liegen und schlafen, und oben bei dem Throne lagen der König und die Königin. Da ging er noch weiter, und alles war so still, dass einer seinen Atem hören konnte, und endlich kam er zu dem Turm, und öffnete die Türe zu der kleinen Stube, in welcher Dornröschen schlief. Da lag es und war so schön, dass er die Augen nicht abwenden konnte, und er bückte sich und gab ihm einen Kuss. Wie er es mit dem Kuss berührt hatte, schlug Dornröschen die Augen auf, erwachte, und blickte ihn ganz freundlich an. Da gingen sie zusammen herab, und der König erwachte und die Königin, und der ganze Hofstaat, und sahen einander mit großen Augen an. Und die Pferde im Hof standen auf und rüttelten sich; die Jagdhunde sprangen und wedelten; die Tauben auf dem Dach zogen das Köpfchen unterm Flügel hervor, sahen umher und flogen ins Feld; die Fliegen an den Wänden krochen weiter; das Feuer in der Küche erhob sich, flackerte und kochte das Essen; und der Braten brutzelte fort; und der Koch gab dem Jungen eine Ohrfeige, dass er schrie; und die Magd rupfte das Huhn fertig. Und da wurde die Hochzeit des Königssohns mit dem Dornröschen in aller Pracht gefeiert, und sie lebten vergnügt bis an ihr Ende.

Fragen zum Gespräch mit den Kindern

- *Was würdest du tun, wenn du bei einem Fest nicht genug Tassen und Teller für die Gäste hättest?*
- *Warum versuchen so viele junge Männer, durch die Dornenhecke zu kommen?*
- *Warst du auch mal so neugierig wie das Mädchen und hast dein Haus oder deine Wohnung untersucht? Was ist da passiert?*

Spiele und Lieder

Auf dem Speicher der bösen Fee   Fangspiel

Die Kinder laufen im Kreis umher. Ein Kind sitzt als Zauberin mit einem Zauberhut in der Kreismitte. Alle singen zu einer Leiermelodie:

Wir wollen auf den Speicher gehn,
um Spinnräder zu holen,
die böse Fee darf uns nicht sehn,
sonst wird sie einen holen.
Um eins kommt sie nicht,
um zwei/drei/vier/fünf/sechs/sieben/acht/neun/zehn kommt sie nicht
um elf da pocht sie, um zwölf da kommt sie.

Bei »um zwölf, da kommt sie« steht die böse Fee auf und versucht ein Kind zu fangen. Dieses Kind ist in der nächsten Spielrunde die Zauberin.

Dachzimmer zu vermieten   Bewegungsspiel

Material: *Zeitungen*

Jeder Mitspieler (bis auf einen) bekommt eine Zeitungsseite, breitet sie auf dem Boden aus und stellt sich drauf. Derjenige, der kein »Zeitungszuhause« hat, steht im Raum und ruft: »Dachzimmerchen zu vermieten!« Daraufhin verlässt jeder sein »Zeitungszimmerchen«, um sich ein neues zu suchen. Wer jetzt leer ausgeht, versucht ein neues Zimmerchen zu bekommen und ruft: »Zimmerchen zu vermieten!« – und die Suche geht von Neuem los.

Dornröschentanz   Bewegungsspiel

Material: *CD-Player, CD »Alte Tänze«*

Die altertümliche Tanzmusik vom CD-Player spielen lassen, die Kinder tanzen dazu in freier Form. In dem Moment, in dem die Musik stoppt, erstarren die Kinder wie zu Stein. Wer lacht oder sich bewegt, muss ausscheiden.

Dornröschen war ein schönes Kind

Kreisspiel

2. Dornröschen, nimm dich ja in acht,
ja in acht, ja in acht,
Dornröschen, nimm dich ja in acht, ja in acht.

3. Da kam die böse Fee herein,
Fee herein, Fee herein,
da kam die böse Fee herein, Fee herein.

4. Dornröschen, schlafe hundert Jahr',
hundert Jahr', hundert Jahr',
Dornröschen, schlafe hundert Jahr', hundert Jahr'!

5. Da wuchs die Hecke riesengroß,
riesengroß, riesengroß,
da wuchs die Hecke riesengroß, riesengroß.

6. Da kam ein junger Königssohn,
Königssohn, Königssohn,
da kam ein junger Königssohn, Königssohn.

7. Der schlug die Hecke ganz entzwei
ganz entzwei, ganz entzwei,
der schlug die Hecke ganz entzwei, ganz entzwei

8. Dornröschen, wache wieder auf,
wieder auf, wieder auf,
Dornröschen, wache wieder auf, wieder auf!

9. Da feiern sie das Hochzeitsfest,
Hochzeitsfest, Hochzeitsfest,
da feiern sie das Hochzeitsfest, Hochzeitsfest.

Vor Spielbeginn werden die o. g. Rollen verteilt. Die Kinder bilden einen Kreis und singen das Lied mit entsprechender pantomimischer Darstellung.

Dornröschen, liebes Dornröschen mein
Kreisspiel

Melodie: überliefert, Text: Autorinnen

Die Kinder stellen sich im Kreis auf und fassen sich an den Händen, gehen in eine Richtung und singen. An den Textstellen »Prinzessin« und an jedem Wochentag führen die Kinder eine Kniebeuge aus. Zu Beginn jeder neuen Strophe machen sie eine Vierteldrehung, sodass sie mal hintereinander, mit den Händen auf den Schultern, oder mit dem Rücken zur Kreismitte gehen. Das Spiel wird so lange fortgesetzt, bis alle Wochentage einmal aufgezählt wurden.

Das Spiel ist gut geeignet, Kindern die Reihenfolge der Wochentage sowie die »Märchenzahl Sieben« näherzubringen.

In welchem Märchen
Rätsel

In welchem Märchen, sehr bekannt,
hat alle Spindeln man verbrannt?
Nur eine nicht, die keiner fand.
Die stach dem Mädchen in die Hand;
Es schlief dann lange hinter Hecken,
bis es ein Königssohn kam wecken.

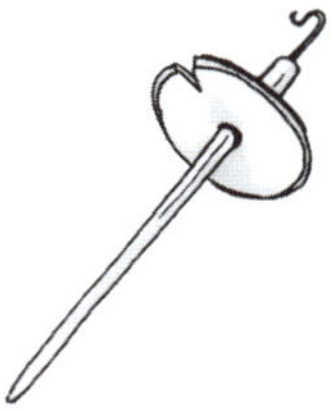

Dornröschen ist verschwunden   Ratespiel

Material: *großes Tuch oder Decke*

Die Kinder sitzen im Stuhlkreis. Ein Kind verlässt den Raum, währenddessen versteckt sich ein Kind unter der Decke. Nun wird das Kind, das vor der Türe stand, durch Klatschen wieder hereingeholt. Alle singen:

»Dornröschen ist verschwunden, Dornröschen fehlt im Kreis,
und wir woll'n erraten, wer es ist, wie es heißt.«

Es muss nun raten, welches Kind unter der Decke ist. Als kleine Hilfestellung kann das Kind unter der Decke auch mal einen Ton von sich geben oder ein Körperteil zeigen. Um das Spiel zu erschweren, tauschen die Kinder ihre Plätze.

Geheimer Dornenheckeneingang   Bewegungsspiel

Ein bis zwei Mitspieler gehen vor die Tür, die übrigen Kinder stellen sich an den Händen gefasst im Kreis auf. Sie überlegen eine Berührung, die den Kreis (die Burg) öffnet. Das kann eine Berührung hinter dem Ohr oder am Knie (einer bestimmten Person, oder egal bei wem) sein. Anschließend werden die Mitspieler hereingerufen und müssen nun die Berührung herausfinden, die die Hecke öffnet.

Schlüssel zum Dornröschenschloss   Geschicklichkeitsspiel

Material: *Korb mit vielen verschiedenen Schlüsseln und Schlössern*

Der Spieler probiert aus, welcher Schlüssel in welches Schloss passt. Erschwert wird die Aufgabe, wenn sie in einer vorgegebenen Zeit gelöst werden soll.

Kreative Gestaltung

Dornröschenstuhl

Material: *Stuhl mit Armlehnen (vom Trödel, evtl. die Stuhlbeine kürzen), Naturmaterialien, Pappmaché, Blumendraht, Maschendraht, Binderfarbe (Baumarkt), Pinsel*

Den Stuhl mit Maschendraht ausformen und mit Blumendraht verbinden, z. B. Krone und Rosen auf der Rückenlehne. Den so vorbereiteten Stuhl mit Pappmaché in die gewünschte Form des Rosenthrons modellieren. Ist das Pappmaché getrocknet, kann der Rosenthron mit Binderfarbe farblich passend angemalt werden.

Herstellung Pappmaché

Tapetenkleister (Fachhandel) nach Angaben des Herstellers zubereiten. Zeitungspapier in Streifen schneiden und so viel Papierstreifen in den Kleister geben, dass eine formbare Masse entsteht. Pappmaché sollte rasch verbraucht werden.

Duftende Rosenbilder

Material: *Strukturtapete, dünne Abdeckfolie, ca. 5 cm breite Lackierpinsel, Fingerfarbe, mehrere leere Deoroller*

Eine Raufasertapete auf einer dünnen Abdeckfolie quer auf dem Boden ausrollen. Die Kinder tragen mit den breiten Lackierpinseln Fingerfarben auf. Nach kurzer Trocknungszeit werden mit Hilfe der Deoroller Rosen hineingemalt. Dafür die Kugeln der leeren Deoroller vorher herauslösen, in die Fläschchen mit Wasser verdünnte Fingerfarbe füllen und die Kugeln wieder einsetzen. Durch den Rolleffekt fließt die Farbe auf das Papier und es entstehen runde Rosenblüten, die sogar noch etwas duften.

Feenhut

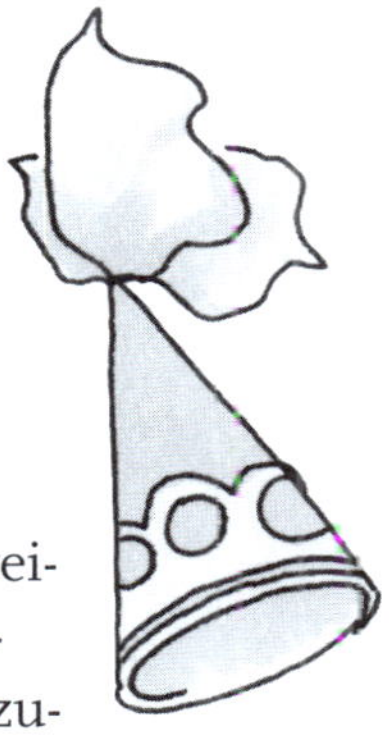

Material: *bunter Fotokarton, Goldfolie, Glitter, Schere, Klebstoff, Hefter, Tortenspitze, Gardinenreste, Hutgummiband*

Auf den Karton einen Kreis mit einem Durchmesser von 90 cm aufzeichnen und ausschneiden. Diesen Kreis halbieren und jede Hälfte noch einmal durchschneiden, sodass daraus vier Feen-Hüte entstehen (= Umfang des Viertelkreises ergibt den Kopfumfang). Die Kreisviertel zu Spitzhüten drehen und zusammenheften. Beliebig gestalten. Durch die obere Spitze von innen nach außen einen Schleier aus Gardinenresten ziehen und von innen verknoten. An der unteren Öffnung rechts und links ein Hutgummi befestigen.

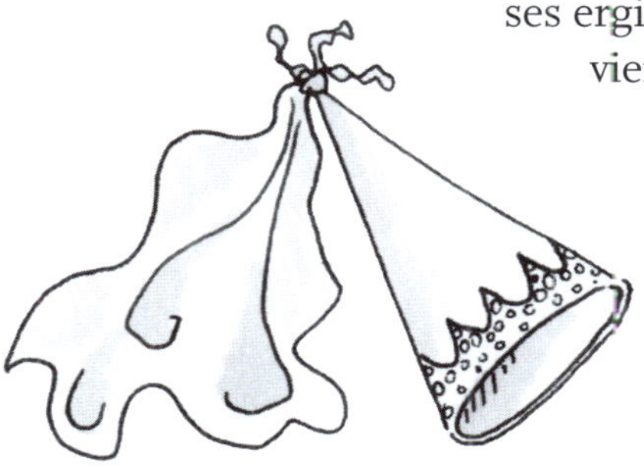

Rosenblüten-Mandala

Material: *getrocknete Rosenblätter, Mandalavorlage, Kleister*

Die Kinder gestalten mit den Rosenblättern Mandalas nach ihren eigenen Vorstellungen.

Rosenblüten aus Papier

Material: *Blumendraht, einfarbiges Seidenpapier (30 x 50 cm, pro Rose)*

Den Papierbogen der Länge nach ca. 10 cm umfalten. Danach das Papier einrollen (Faltkante oben), bis eine Blüte entstanden ist. Das Blüten-Ende mit einem Stück Blumendraht zusammendrehen, damit sie nicht auseinanderfällt. Den Draht mit grünem Papier umwickeln und mehrere Rosenblüten zu einem Strauß binden.

Rosenknete

Material: *400 g Mehl, 200 g Salz, ½ l kochendes Wasser, 3–4 EL Rosenöl, 30–40 g Alaunpulver (Apotheke), Lebensmittelfarbe*

Mit dem Wasser die Lebensmittelfarbe und das Rosenöl zu Mehl und Salz geben. Alles gut durchkneten. In Schraubgläsern aufbewahrt, ist die Knete für lange Zeit verwendbar und auch der Duft bleibt erhalten.

Rosenschloss

Material: *Schuhkartons, Papprollen, Tortenspitze, Kronkorken, Schmuckpapierresten, Naturmaterial, Klebstoff, Farben*

Aus den unterschiedlichen Materialien ein Traumschloss bauen. Das Schloss anmalen und prachtvoll verzieren.

Rezepte zum Dornröschenfest

Rosencreme

Zutaten: *500 g Quark, 60 g Zucker, ½ Becher geschlagenen Sahne, 1 Handvoll frische, duftende Rosenblätter, 1 TL Honig, 1 EL Rosenwasser, Puderzucker zum Bestäuben*

Den Quark mit Zucker verrühren. Rosenblütenblätter in einen Mixbecher geben, den Honig hinzufügen, mit dem Löffel gut umrühren und mit dem Mixstab pürieren. Rosenmasse mit dem Quark vermischen, Sahne einrühren, bis der Quark schön cremig ist. In Glasschalen füllen, mit Rosenblättern verzieren und mit Puderzucker bestäuben.

Rosenkuchen

Zutaten für den Teig: *200 g Quark, 6 EL Milch, 8 EL Öl (125 ml), 100 g Zucker, 1 Pck. Vanillinzucker, 1 Prise Salz, 400 g Mehl, ½ Pck. Backpulver, 1 Ei, 75 g Butter*

Für die Füllung: *200 g Rosinen, 50 g Zucker, 1 Pck. Vanillinzucker, 100 g gehackte Mandeln, Mehl für die Arbeitsfläche, Milch zum Bestreichen, Puderzucker zum Bestreuen*

Quark mit Milch, Öl, Zucker, Vanillinzucker und Salz verrühren. Man kann den Teig auch noch mit einem Ei verfeinern, das man einfach in den Quark einrührt. Mehl und Backpulver mischen, die Hälfte davon unter den Teig rühren, die andere Hälfte darübersieben und einkneten. Sollte der Teig sehr klebrig sein, ein Weilchen kaltstellen. Den Teig auf einer gut bemehlten Arbeitsfläche zu einem Rechteck von ca. 40 x 50 cm ausrollen, mit der Butter bestreichen. Rosinen, Mandeln, Zucker für die Füllung gut mischen und gleichmäßig auf dem Teig verteilen. Von der längeren Seite her vorsichtig aufrollen, in 16 gleichmäßige Stücke schneiden und diese kranzartig in eine gefettete Springform setzen, sodass der ganze Boden bedeckt ist. Gibt es Lücken, die Schnecken leicht flachdrücken. Mit Milch bestreichen und bei 200°C ca. 35–45 Minuten backen. Nach Wunsch kann man den Kuchen mit Puderzucker bestreuen.

Schneewittchen (KHM 53)

In der ersten Ausgabe der Kinder- und Hausmärchen der Brüder Grimm von 1812 hieß Schneewittchen noch Sneewittchen (niederdeutsch: Schneeweißchen). Mündliche Überlieferungen des Märchens sind schon früh in fast allen Völkern Europas zu finden. Für den Psychologen Carl Gustav Jung stellt die Stiefmutter in vielen Märchen die Böse dar, die alles zerstören und verschlingen will. Durch das gemeinsame Essen des Apfels identifiziert Schneewittchen sich zunächst mit der Stiefmutter. Aber nur durch eigene Kraft kann sie das Gift wieder ausstoßen und die Verbindung zwischen Seele und Geist, d. h. die Hochzeit zwischen ihr und dem Königssohn, kann stattfinden.

Märchentext zum Vorlesen

Schneewittchen

Es war einmal mitten im Winter, und die Schneeflocken fielen wie Federn vom Himmel herab, da saß eine Königin an einem Fenster, das einen Rahmen von schwarzem Ebenholz hatte, und nähte. Und wie sie so nähte und nach dem Schnee aufblickte, stach sie sich mit der Nadel in den Finger, und es fielen drei Tropfen Blut in den Schnee. Und weil das Rote im weißen Schnee so schön aussah, dachte sie bei sich: »Hätt ich ein Kind so weiß wie Schnee, so rot wie Blut, und so schwarz wie der Rahmen.« Bald darauf bekam sie ein Töchterlein, das war so weiß wie Schnee, so rot wie Blut, und so schwarzhaarig wie Ebenholz, und wurde darum das Schneewittchen genannt. Und wie das Kind geboren war, starb die Königin.

Über ein Jahr nahm sich der König eine andere Gemahlin. Es war eine schöne Frau, aber sie war stolz und übermütig und konnte nicht leiden, dass sie an Schönheit von jemand sollte übertroffen werden. Sie hatte einen wunderbaren Spiegel, wenn sie vor den trat und sich darin beschaute, sprach sie:

»Spieglein, Spieglein an der Wand,
wer ist die Schönste im ganzen Land?«

so antwortete der Spiegel:

»Frau Königin, ihr seid die Schönste im Land.«

Da war sie zufrieden, denn sie wusste dass der Spiegel die Wahrheit sagte. Schneewittchen aber wuchs heran und wurde immer schöner, und als es sieben Jahr alt war, war es so schön wie der klare Tag und schöner als die Königin selbst. Als diese einmal ihren Spiegel fragte:

»Spieglein, Spieglein an der Wand,
wer ist die Schönste im ganzen Land?«,

so antwortete er:

»Frau Königin, ihr seid die Schönste hier,
aber Schneewittchen ist tausendmal schöner als ihr.«

Da erschrak die Königin und ward gelb und grün vor Neid. Von Stund an, wenn sie Schneewittchen erblickte, kehrte sich ihr das Herz im Leibe herum, so hasste sie das Mädchen. Und der Neid und Hochmut wuchsen und wurden so groß in ihr, dass sie Tag und Nacht keine Ruhe mehr hatte. Da rief sie einen Jäger und sprach: »Bring das Kind hinaus in den Wald, ich will's nicht mehr vor meinen Augen sehen. Dort sollst du's töten und mir Lunge und Leber zum Wahrzeichen mitbringen.« Der Jäger gehorchte und führte es hinaus, und als er den Hirschfänger* gezogen hatte und Schneewittchens unschuldiges Herz durchbohren wollte, fing es an zu weinen und sprach: »Ach lieber Jäger, lass mir mein Leben; ich will in den wilden Wald laufen, und nimmermehr wieder heimkommen.« Und weil es so schön war, hatte der Jäger Mitleiden und sprach: »So lauf hin, du armes Kind.« »Die wilden Tiere werden dich bald gefressen haben«, dachte er, und doch war's ihm, als wär ein Stein von seinem Herzen gewälzt, weil er es nicht zu töten brauchte. Und weil gerade ein junger Frischling dahergesprungen kam, stach er ihn ab, nahm Lunge und Leber heraus und brachte sie als Wahrzeichen der Königin mit. Der Koch musste sie in Salz kochen, und das boshafte Weib aß sie auf und meinte, sie hätte Schneewittchens Lunge und Leber gegessen.

Nun war das arme Kind in dem großen Wald mutterselig allein, und war ihm so angst, dass es alle Blätter an den Bäumen ansah und nicht wusste, wie es sich helfen sollte. Da fing es an zu laufen und lief über die spitzen Steine und

durch die Dornen, und die wilden Tiere sprangen an ihm vorbei, aber sie taten ihm nichts. Es lief so lange nur die Füße noch fort konnten, bis es bald Abend werden wollte, da sah es ein kleines Häuschen und ging hinein sich zu ruhen. In dem Häuschen war alles klein, aber so zierlich und reinlich, dass es nicht zu sagen ist. Da stand ein weiß gedecktes Tischlein mit sieben kleinen Tellern, jedes Tellerlein mit seinem Löffelein, ferner sieben Messerlein und Gäblein und sieben Becherlein. An der Wand waren sieben Bettlein nebeneinander aufgestellt und schneeweiße Laken darübergedeckt. Schneewittchen, weil es so hungrig und durstig war, aß von jedem Tellerlein ein wenig Gemüs und Brot und trank aus jedem Becherlein einen Tropfen Wein; denn es wollte nicht einem allein alles wegnehmen. Hernach, weil es so müde war, legte es sich in ein Bettchen, aber keins passte; das eine war zu lang, das andere zu kurz, bis endlich das siebente recht war, und darin blieb es liegen, befahl sich Gott und schlief ein.

Als es nun ganz dunkel war, kamen die Herren von dem Häuslein, das waren sieben Zwerge, die in den Bergen nach Erz hackten und gruben. Sie zündeten ihre sieben Lichtlein an, und wie es nun hell im Häuslein ward, sahen sie, dass jemand darin gewesen war, denn es stand nicht alles so in der Ordnung, wie sie es verlassen hatten. Der erste sprach: »Wer hat auf meinem Stühlchen gesessen?« Der zweite: »Wer hat von meinem Tellerchen gegessen?« Der dritte: »Wer hat von meinem Brötchen genommen?« Der vierte: »Wer hat von meinem Gemüschen gegessen?« Der fünfte: »Wer hat mit meinem Gäbelchen gestochen?« Der sechste: »Wer hat mit meinem Messerchen geschnitten?« Der siebente: »Wer hat aus meinem Becherlein getrunken?« Dann sah sich der erste um und sah, dass auf seinem Bett eine kleine Delle war, da sprach er: »Wer hat in mein Bettchen getreten?« Die andern kamen gelaufen und riefen: »In meinem hat auch jemand gelegen.« Der siebente aber, als er in sein Bett sah, erblickte Schneewittchen, das lag darin und schlief. Nun rief er die andern, die kamen herbeigelaufen und schrien vor Verwunderung, holten ihre sieben Lichtlein und beleuchteten Schneewittchen. »Ei, du mein Gott! ei, du mein Gott!«, riefen sie, »was ist das Kind schön!« und hatten so große Freude, dass sie es nicht aufweckten, sondern im Bettlein fortschlafen ließen. Der siebente Zwerg aber schlief bei seinen Gesellen, bei jedem eine Stunde, da war die Nacht herum.

Als es Morgen war, erwachte Schneewittchen, und wie es die sieben Zwerge sah, erschrak es. Sie waren aber freundlich und fragten: »Wie heißt du?« »Ich heiße Schneewittchen«, antwortete es. »Wie bist du in unser Haus gekommen?«, sprachen weiter die Zwerge. Da erzählte es ihnen, dass seine Stiefmutter es hätte wollen umbringen lassen, der Jäger hätte ihm aber das Leben geschenkt, und da wäre es gelaufen den ganzen Tag, bis es endlich ihr Häuslein gefunden.

Die Zwerge sprachen: »Willst du unsern Haushalt versehen, kochen, betten, waschen, nähen und stricken, und willst du alles ordentlich und reinlich halten, so kannst du bei uns bleiben, und es soll dir an nichts fehlen. »Das versprach Schneewittchen und blieb bei ihnen. Es hielt ordentlich Haus: Morgens gingen sie in die Berge und suchten Erz und Gold, abends kamen sie wieder, und da musste ihr Essen bereit sein. Den Tag über war das Mädchen allein, da warnten es die guten Zwerglein und sprachen: »Hüte dich vor deiner Stiefmutter, die wird bald wissen, dass du hier bist; lass ja niemand herein.«

Die Königin aber, nachdem sie Schneewittchens Lunge und Leber glaubte gegessen zu haben, dachte nicht anders als wieder die erste und allerschönste zu sein, und trat vor ihren Spiegel, und sprach:

»Spieglein, Spieglein an der Wand,
wer ist die Schönste im ganzen Land?«

Da antwortete der Spiegel:

»Frau Königin, ihr seid die Schönste hier,
aber Schneewittchen über den Bergen
bei den sieben Zwergen
ist noch tausendmal schöner als ihr.«

Da erschrak sie, denn sie wusste, dass der Spiegel keine Unwahrheit sprach, und merkte, dass der Jäger sie betrogen hatte und Schneewittchen noch am Leben war. Und da sann und sann sie aufs Neue, wie sie es umbringen wollte; denn so lange sie nicht die Schönste war im ganzen Land, ließ ihr der Neid keine Ruhe. Und als sie sich endlich etwas ausgedacht hatte, färbte sie sich das Gesicht und kleidete sich wie eine alte Krämerin und war ganz unkenntlich. In dieser Gestalt ging sie über die sieben Berge zu den sieben Zwergen, klopfte an die Türe und rief: »Schöne Ware feil!* feil!« Schneewittchen guckte zum Fenster heraus und rief: »Guten Tag, liebe Frau, was habt ihr zu verkaufen?« »Gute Ware, schöne Ware«, antwortete sie, »Schnürriemen von allen Farben«, dabei holte sie einen hervor, der aus bunter Seide geflochten war. »Die ehrliche Frau kann ich hereinlassen«, dachte Schneewittchen, riegelte die Türe auf und kaufte sich den hübschen Schnürriemen. »Kind«, sprach die Alte, »wie du aussiehst! Komm, ich will dich einmal ordentlich schnüren.« Schneewittchen hatte kein Arg, stellte sich vor sie und ließ sich mit dem neuen Schnürriemen schnüren; aber die Alte schnürte geschwind und schnürte so fest, dass dem Schneewittchen der Atem verging und es für tot hinfiel. »Nun bist du die Schönste gewesen«, sprach sie und eilte hinaus.

Nicht lange darauf, zur Abendzeit, kamen die sieben Zwerge nach Haus, aber wie erschraken sie, als sie ihr liebes Schneewittchen auf der Erde liegen fanden, und es regte und bewegte sich nicht, als wär es tot. Sie hoben es in die Höhe, und weil sie sahen, dass es zu fest geschnürt war, schnitten sie den Schnürriemen entzwei: Da fing es an ein wenig zu atmen und ward nach und nach wieder lebendig. Als die Zwerge hörten, was geschehen war, sprachen sie: »Die alte Krämerfrau war niemand als die Königin, hüte dich, und lass keinen Menschen herein, wenn wir nicht bei dir sind.«

Das böse Weib aber, als es nach Haus gekommen war, ging vor den Spiegel, und fragte:

»Spieglein, Spieglein an der Wand,
wer ist die Schönste im ganzen Land?«

Da antwortete er wie sonst:

»Frau Königin, ihr seid die Schönste hier,
aber Schneewittchen über den Bergen
bei den sieben Zwergen
ist noch tausendmal schöner als ihr.«

Als sie das hörte, lief ihr alles Blut zum Herzen, so erschrak sie, denn sie sah wohl dass Schneewittchen wieder lebendig geworden war. »Nun aber«, sprach sie, »will ich etwas aussinnen, das dich zugrunde richten soll«, und mit Hexenkünsten, die sie verstand, machte sie einen giftigen Kamm. Dann verkleidete sie sich und nahm die Gestalt eines andern alten Weibes an. So ging sie hin über die sieben Berge zu den sieben Zwergen, klopfte an die Türe und rief: »Gute Ware feil!« Schneewittchen schaute heraus und sprach: »Geht nur weiter, ich darf niemand hereinlassen.« »Das Ansehen wird dir doch erlaubt sein«, sprach die Alte, zog den giftigen Kamm heraus und hielt ihn in die Höhe. Da gefiel er dem Kinde so gut, dass es sich betören ließ und die Türe öffnete. Als es den Kamm erhandelt hatte, sprach die Alte: »Nun will ich dich einmal ordentlich kämmen.« Das arme Schneewittchen dachte an nichts und ließ die Alte gewähren, aber kaum hatte sie den Kamm in die Haare gesteckt, als das Gift darin wirkte und das Mädchen ohne Besinnung niederfiel. »Du Ausbund von Schönheit, jetzt ist's um dich geschehen«, sprach das boshafte Weib und ging fort. Zum Glück aber war es bald Abend, wo die sieben Zwerglein nach Haus kamen. Als sie Schneewittchen wie tot auf der Erde liegen sahen, hatten sie gleich die böse Stiefmutter in Verdacht, suchten nach und fanden den giftigen Kamm, und wie sie ihn herausgezogen, kam Schneewittchen wieder zu sich und erzählte ihnen, was vorgegangen war.

Da warnten sie es noch einmal, auf seiner Hut zu sein und niemand die Türe zu öffnen.

Die Königin stellte sich daheim vor den Spiegel, und sprach:

»Spieglein, Spieglein an der Wand,
wer ist die Schönste im ganzen Land?«

Da antwortete er, wie vorher:

»Frau Königin, ihr seid die Schönste hier,
aber Schneewittchen über den Bergen
bei den sieben Zwergen
ist noch tausendmal schöner als ihr.«

Als sie den Spiegel so reden hörte, zitterte und bebte sie vor Zorn. »Schneewittchen soll sterben«, rief sie, »und wenn es mein eigenes Leben kostet.« Darauf ging sie in eine ganz verborgene einsame Kammer, wo niemand hinkam, und machte da einen giftigen Apfel. Äußerlich sah er schön aus, weiß mit roten Backen, dass jeder, der ihn erblickte, Lust darnach bekam, aber wer ein Stückchen davon aß, der musste sterben. Als der Apfel fertig war, färbte sie sich das Gesicht und verkleidete sich in eine Bauersfrau, und so ging sie über die sieben Berge zu den sieben Zwergen. Sie klopfte an, Schneewittchen streckte den Kopf zum Fenster heraus und sprach: »Ich darf keinen Menschen einlassen, die sieben Zwerge haben mir's verboten.« »Mir auch recht«, antwortete die Bäurin, »meine Äpfel will ich schon los werden. Da, einen will ich dir schenken.« »Nein«, sprach Schneewittchen, »ich darf nichts annehmen.« »Fürchtest du dich vor Gift?«, sprach die Alte. »Siehst du, da schneide ich den Apfel in zwei Teile; den roten Backen iss du, den weißen will ich essen.« Der Apfel war aber so künstlich gemacht, dass der rote Backen allein vergiftet war. Schneewittchen lusterte den schönen Apfel an, und als es sah, dass die Bäurin davon aß, so konnte es nicht länger widerstehen, streckte die Hand hinaus und nahm die giftige Hälfte. Kaum aber hatte es einen Bissen davon im Mund, so fiel es tot zur Erde nieder. Da betrachtete es die Königin mit grausigen Blicken und lachte überlaut und sprach: »Weiß wie Schnee, rot wie Blut, schwarz wie Ebenholz! diesmal können dich die Zwerge nicht wieder erwecken.« Und als sie daheim den Spiegel befragte:

»Spieglein, Spieglein an der Wand,
wer ist die Schönste im ganzen Land?«

so antwortete er endlich:

»Frau Königin, ihr seid die Schönste im Land.«

Da hatte ihr neidisches Herz Ruhe, so gut ein neidisches Herz Ruhe haben kann.

Die Zwerglein, wie sie abends nach Haus kamen, fanden Sneewittchen auf der Erde liegen, und regte sich kein Atem mehr, und es war tot. Sie hoben es auf, suchten, ob sie was Giftiges fänden, schnürten es auf, kämmten ihm die Haare, wuschen es mit Wasser und Wein, aber es half alles nichts; das liebe Kind war tot. Sie legten es auf eine Bahre und setzten sich alle siebene daran und beweinten es, und weinten drei Tage lang. Da wollten sie es begraben, aber es sah noch so frisch aus wie ein lebender Mensch und hatte noch seine schönen roten Backen. Sie sprachen: »Das können wir nicht in die schwarze Erde versenken«, und ließen einen durchsichtigen Sarg von Glas machen, dass man es von allen Seiten sehen konnte, legten es hinein und schrieben mit goldenen Buchstaben seinen Namen darauf, und dass es eine Königstochter wäre. Dann setzten sie den Sarg hinaus auf den Berg, und einer von ihnen blieb immer dabei und bewachte ihn. Und die Tiere kamen auch und beweinten Schneewittchen, erst eine Eule, dann ein Rabe, zuletzt ein Täubchen.

Nun lag Schneewittchen lange lange Zeit in dem Sarg und verweste nicht, sondern sah aus, als wenn es schliefe, denn es war noch so weiß als Schnee, so rot als Blut, und so schwarzhaarig wie Ebenholz. Es geschah aber, dass ein Königssohn in den Wald geriet und zu dem Zwergenhaus kam, da zu übernachten. Er sah auf dem Berg den Sarg und das schöne Sneewittchen darin und las, was mit goldenen Buchstaben darauf geschrieben war. Da sprach er zu den Zwergen: »Lasst mir den Sarg, ich will euch geben, was ihr dafür haben wollt.« Aber die Zwerge antworteten: »Wir geben ihn nicht um alles Gold in der Welt.« Da sprach er:«So schenkt mir ihn, denn ich kann nicht leben ohne Schneewittchen zu sehen, ich will es ehren und hochachten wie mein Liebstes.« Wie er so sprach, empfanden die guten Zwerglein Mitleiden mit ihm und gaben ihm den Sarg. Der Königssohn ließ ihn nun von seinen Dienern auf den Schultern forttragen. Da geschah es, dass sie über einen Strauch stolperten, und von dem Schüttern* fuhr der giftige Apfelgrütz, den Sneewittchen abgebissen hatte, aus dem Hals und es ward wieder lebendig. Da richtete es sich auf und sprach: »Ach Gott, wo bin ich?« Der Königssohn sagte voll Freude: »Du bist bei mir«, und erzählte, was sich zugetragen hatte und sprach: »Ich habe dich lieber als alles auf der Welt; komm mit mir in meines Vaters Schloss, du sollst meine Gemahlin werden.« Da war ihm Schneewittchen gut und ging mit ihm, und ihre Hochzeit ward mit großer Pracht und Herrlichkeit angeordnet.

Zu dem Fest war aber auch Schneewittchens gottlose Stiefmutter eingeladen. Wie sie sich nun mit schönen Kleidern angetan hatte, trat sie vor den Spiegel, und sprach:

»Spieglein, Spieglein an der Wand,
wer ist die Schönste im ganzen Land?«

Der Spiegel antwortete:

»Frau Königin, ihr seid die Schönste hier,
aber die junge Königin ist tausendmal schöner als ihr.«

Da stieß das böse Weib einen Fluch aus und ward ihr so angst, so angst, dass sie sich nicht zu lassen wusste. Sie wollte zuerst gar nicht auf die Hochzeit kommen: doch ließ es ihr keine Ruhe, sie musste fort und die junge Königin sehen. Und wie sie hineintrat, erkannte sie Schneewittchen, und vor Angst und Schrecken stand sie da und konnte sich nicht regen. Aber es waren schon eiserne Pantoffeln über Kohlenfeuer gestellt und wurden glühend hereingebracht: da musste sie die feuerroten Schuhe anziehen und darin tanzen, dass ihr die Füße jämmerlich verbrannten: und sie durfte nicht aufhören bis sie sich tot getanzt hatte.

Fragen zum Gespräch mit den Kindern

- *Warum möchte die Königin Schneewittchen loswerden?*
- *Warum möchte die Königin die Schönste im ganzen Land sein?*
- *Was ist Neid?*
- *Warst du schon einmal auf jemanden neidisch?*
- *Warum hat der Jäger Schneewittchen nicht getötet?*
- *Was gefällt dir an Schneewittchen?*
- *Warum musste die Königin am Ende sterben? Gab es auch andere Lösungen?*

Spiele und Lieder

Ein kleiner Wichtelzwerg Spiellied

Melodie: überliefert, Text: Autorinnen

Vor dem Spiel wird die Rolle des Schneewittchens gewählt. Alle bilden einen Kreis und singen. Ein Wichtelzwerg geht in der Kreismitte, die Hände auf den Knien gestützt, und bleibt dann entsprechend dem Liedtext vor einem gewählten Mitspieler stehen. Beide wenden sich nach links, klopfen mit den Handknöcheln auf den Boden, wenden sich nach rechts, schnippen mit den Fingern und wackeln mit dem Po hin und her. Danach gehen zwei Wichtelzwerge im Kreis umher, die sich wieder neue Spielpartner suchen. Wenn alle, bis auf Schneewittchen, in Bewegung sind, wird folgender Text gesungen:

Am Abend gehen alle Heim, doch ach, was ist gescheh'n?
Schneewittchen liegt in ihrem Bett und ist so wunderschön.
Gut Nacht! Schlaf sacht! Wir Zwerge halten Wacht!

Rätsel

Ich bin die gute Fee,
Mein Kleid ist weiß wie Schnee,
der Zwerge größter Stolz,
die Haare schwarz wie Ebenholz.

Wo ist Schneewittchen? Versteckspiel,

Vor dem Spiel wird mit einem Abzählreim (s. S. 124) der Sucher ermittelt. Alle Spieler, die sich verstecken, sind »Zwerge«, einer ist »Schneewittchen«, der alle Zwerge befreien kann. Zuerst wird ein Platz für das »Zwergenhaus« gesucht. Dies kann ein Baum oder eine Wand sein. Hier zählt der Sucher bis 30.

Währenddessen müssen alle Zwerge und Schneewittchen weglaufen und sich verstecken. Hat der Sucher fertig gezählt, so ruft er »Eins, zwei, drei, ich komme!«, und alle müssen dort bleiben, wo sie gerade sind. Dann muss der Sucher versuchen, die Versteckten zu finden. Sobald er einen Mitspieler entdeckt hat, rennt er zum »Zwergenhaus« zurück, schlägt mit der Hand dagegen und ruft z. B.: »Eins, zwei, drei, Zwerg Lotta!« Er muss also den Namen des Mitspielers nennen. Bemerkt Zwerg Lotta, dass sie entdeckt wurde, kann sie schnell zum »Zwergenhaus« laufen. Schlägt sie zuerst an, ruft sie: »Frei!« Das bedeutet, dass sie frei ist und im nächsten Spiel nicht suchen muss.

Der Mitspieler, der »Schneewittchen« ist, kann alle anderen Spieler befreien. Dafür muss er zum »Zwergenhaus« kommen, bevor er selbst entdeckt und abgeschlagen wird. Er ruft dann: »Alle Frei!« Gelingt dies, sind alle Mitspieler befreit und der Sucher ist erneut dran.

Spieglein, Spieglein an der Wand Ratespiel

Material: *Schattenbühne (weißes Tuch an einer gespannten Schnur aufhängen, Overhead-Projektor als Lichtquelle), OHP-Folie mit dem aufgemalten Umriss eines Spiegels*

Eine Folie mit dem aufgemalten Umriss eines Spiegels auf den OHP legen. Die Mitspieler befinden sich im Hintergrund der Schattenbühne, bis auf einen, der vor dem weißen Tuch sitzt und fragt: »Spieglein, Spieglein an der Wand, wer ist die/der Schönste im ganzen Land?« Daraufhin setzt sich ein Spieler hinter die Schattenbühne, sodass sein Profilschatten im Umriss des Spiegels zu sehen ist. Der Spieler muss nun raten, um welchen Mitspieler es sich handelt. Rät er richtig, darf ein neuer Spieler raten.

Variante: Durch zusätzliche Requisiten können die Spieler ihr Äußeres verändern.

Schneewittchen Spiellied

Text und Melodie: überliefert

Die Kinder singen und führen passende Bewegungen zum Text aus, ggf. mit entsprechenden Requisiten. Nach der zweiten Strophe wird das *Lied der Zwerge* eingeschoben.

2. Spieglein sagt: »Das kann nicht sein! Hinter hohen Bergen
wohnt Schneewittchen, wunderfein, bei den sieben Zwergen.«
Wunderfein, wunderfein, bei den sieben Zwergen.

3. »Sie ist doch die schönste Maid, tief im Wald verborgen,
kennt nicht Not und hat kein Leid, weiß auch nichts von Sorgen.«
Hat kein Leid, hat kein Leid, weiß auch nichts von Sorgen.

4. Da erschrak die Königin, lief viel hundert Meilen,
wollt wie eine Bäuerin zu Schneewittchen eilen.
Bäuerin, Bäuerin, zu Schneewittchen eilen.

5. Reichte ihr ein Äpfelchen, wollt die Maid verderben.
Weil der Apfel giftig war, musst Schneewittchen sterben.
Giftig war, giftig war, musst Schneewittchen sterben.

6. Und die Zwerge hielten Wacht an dem Sarg von Glase,
und mit ihnen Tag und Nacht weinten Reh und Hase.
Tag und Nacht, Tag und Nacht, weinten Reh und Hase.

7. Doch in wundersamer Stund, kam ein Prinz zum Walde,
küsst Schneewittchen auf den Mund, da erwacht's gar balde.
Auf den Mund, auf den Mund, da erwacht's gar balde.

8. Ward des Prinzen hold Gemahl, und beim Hochzeitsfeste
war'n die sieben Zwerge all liebe, hohe Gäste.
Zwerge all, Zwerge all, liebe, hohe Gäste.

Vor dem Spiel werden die Rollen verteilt: Schneewittchen, sieben Zwerge, Spiegel, Königin, Reh, Hase, Prinz. Für die Rolle des Spiegels in einen großen Karton Öffnungen für den Kopf und seitliche Öffnungen für die Arme anbringen und den Karton mit Alu- oder Silberfolie beziehen.

Lied der Zwerge

2. Im Wald bei Has und Mäuslein steht unser kleines Häuslein.
Wir haben sieben Tellerlein, dazu auch sieben Bettchen fein,
alles ist ganz klitzeklein.

3. Schneewittchen kocht das Süppchen und fegt und putzt das Stübchen.
Wir nehmen es in unsre Hut, dass keines ihm ein Leid antut, sind ihm von Herzen gut.

Abzählvers

**Spieglein, Spieglein, an der Wand,
Schneewittchen, die ist weggerannt,
zu den sieben Zwergen,
hinter sieben Bergen.
Kam der Prinz, gab ihr 'nen Kuss,
du bist der, der suchen muss.**

Bei den sieben Zwergen Fingerspiel

Alle Kinder sitzen im Kreis und führen die angegebenen Bewegungen rhythmisch zum Text aus, in verschiedener Lautstärke und Dynamik.

1. Als links der erste Zwerg morgens stieg auf seinen Berg,	*Finger der linken Hand wandern über den eigenen Körper,*
hat er den zweiten Zwerg geweckt	*mit der linken Hand den rechten Nachbarn antippen,*
und beide haben sich gestreckt.	*sich strecken,*
Auf ihre Schenkel haben sie gepatscht	*auf die Oberschenkel patschen,*
und **laut** Schneewittchens Lied geklatscht:	*in die Hände klatschen,*
Refrain: Klatsch, klatsch, patsch,	*2 x in die Hände klatschen, 1 x auf die Oberschenkel,*
stampf,	*mit dem rechten Bein aufstampfen,*
Klatsch, klatsch, patsch,	*2 x in die Hände klatschen, 1 x auf die Oberschenkel,*
stampf,	*mit dem linken Bein aufstampfen,*
klatsch, klatsch, patsch,	*2 x in die Hände klatschen, 1 x auf die Oberschenkel,*
stampf.	*mit beiden Füßen aufstampfen.*

2. Als rechts der dritte Zwerg
morgens stieg auf seinen Berg,
hat er den vierten Zwerg geweckt
und beide haben sich gestreckt.
Auf ihre Schenkel haben sie gepatscht
und **leis** Schneewittchens Lied geklatscht.

Refrain: Klatsch, klatsch ...

3. Als links der fünfte Zwerg
morgens stieg auf seinen Berg,
hat er den sechsten Zwerg geweckt
und beide haben sich gestreckt.
Auf ihre Schenkel haben sie gepatscht
und **sacht** ein neues Lied geklatscht.

Refrain: Klatsch, klatsch ...

4. Als rechts der siebte Zwerg
morgens stieg auf seinen Berg,
hat er Schneewittchen aufgeweckt
und beide haben sich gestreckt.
Auf ihre Schenkel haben sie gepatscht
und **schnell** ein neues Lied geklatscht.

Refrain: Klatsch, klatsch ...

Rätsel

**Ein Königskind war zart und fein,
die Mutter wollte schöner sein.
Das Kind zu töten war ihr Sinn,
deshalb ging sie als Händlerin
und bot ihm Kamm und Apfel an.
Wie heißt das Märchen?
Sag es an!**

Kreative Gestaltung

Guckkasten

Material: *Schuhkarton mit Deckel, farbige Papierreste, Alufolie, Naturmaterialien, Malstifte, Klebstoff, Fotokarton*

In einem Schuhkarton entsteht aus unterschiedlichen Materialien ein Märchenszenario, z. B. das Zwergenhaus hinter den sieben Bergen, das Schloss oder ein Märchenwald.

In die Vorderseite des Kartons ein Guckloch und in den Deckel mehrere Schlitze schneiden, sodass Licht in den Karton fallen kann. Die Kinder fertigen Bäume, Büsche, Häuser, das Schloss und kleine Figuren aus Papier, die sie an Pappstreifen kleben und in den Guckkasten stellen. Kleine Spielzeuge, Knetfiguren oder Naturmaterialien beleben das Szenario zusätzlich.

Schneewittchenkrone

Material: *rotes und goldenes Tonpapier, Schere, Kleber, Hutgummi*

Die Umrisse einer Krone auf das goldene Tonpapier zeichnen und ausschneiden (vorher den Kopfumfang des Trägers messen, dabei 3 cm Kleberand lassen). Aus dem roten Tonpapier kleine Rauten, Kreise oder andere Formen ausschneiden und auf die Krone kleben. Es können auch Schmucksteinchen aufgeklebt oder mit Glitzerstiften Muster aufgemalt werden. Nun die Krone zusammenkleben, rechts und links ein kleines Loch stechen und ein Hutgummi durchfädeln.

Spiegel basteln

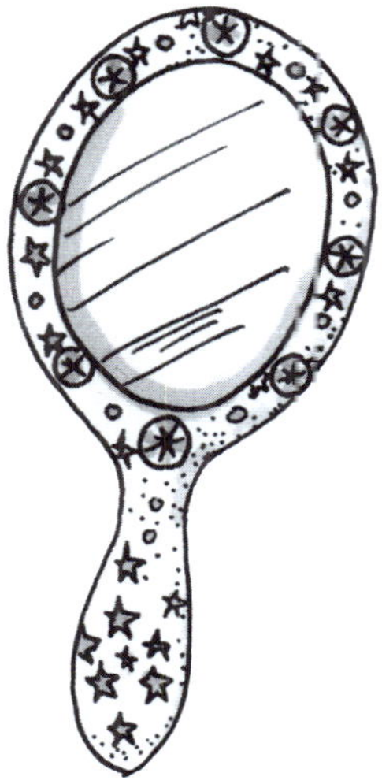

Material: *Zeichenpapier, Spiegelfolie, Pappe (z. B. Rückseite vom Zeichenblock, DIN-A4-Tonkarton), Schmucksteinchen, Bleistift, Schere, Klebstoff*

Die Kinder zeichnen die Umrisse eines Handspiegels (vorher eine Papierschablone erstellen, Vorbild siehe Skizze) einmal auf Tonkarton und einmal auf Pappe, schneiden sie aus und kleben sie aufeinander. Aus der Spiegelfolie ein Oval ausschneiden und auf den Tonkarton kleben. Den Spiegel am Rand mit Schmucksteinchen, Glitzerpuver oder buntem Papier bekleben.

Rezept

Schneewittchenkuchen

Zutaten: *4 Eier, 250 g Zucker, 400 g Mehl, ½ Päckchen Backpulver, 1 Paket Puddingpulver (Vanillegeschmack), ½ l Milch, 1 EL Butter zum Einfetten für das Blech, 2 Gläser Sauerkirschen ohne Steine*

Für den Belag: *2 Becher Sahne, Zucker, 3 EL Schokoraspel*

Den Backofen auf 200 °C vorheizen. Die Kirschen durch ein Küchensieb abtropfen lassen und den entstandenen Saft für ein anderes Gericht verwenden. Die Eier, Milch und Zucker mit einem elektrischen Rührgerät schaumig schlagen. Das Backpulver unter das Mehl mischen. Das Mehl mit dem Backpulver und dem Puddingpulver zu der Eiermasse geben und ca. 4–5 Minuten gut durchrühren. Den Teig auf ein mit Backpapier gefettetes Backblech in einen Tortenring geben und glatt streichen. Mit den gut abgetropften Kirschen belegen (16 Kirschen zur Seite stellen). In den Backofen schieben und bei 200 °C ca. 35 Minuten backen. Kuchen herausnehmen und abkühlen lassen. Die Sahne steif schlagen, die Schokoraspel unterheben und die Masse gleichmäßig auf den erkalteten Kuchen verteilen und mit den restlichen Kirschen verzieren.

Das tapfere Schneiderlein (KHM 20)

Die Moral dieses Märchens besteht darin, dass auch der Schwache, wenn er nur selbstbewusst und einfallsreich ist, Erfolg haben kann.

Das »tapfere Schneiderlein« gehört zu den Hauptfiguren, die aus einfachen Verhältnissen kommen, der eine Königstochter erobert und das halbe Königreich dazu. Der gesellschaftliche Aufstieg gelingt den Protagonisten allerdings nur durch besondere Fähigkeiten bzw. Eigenschaften; beim tapferen Schneiderlein ist es die ausnehmende List und Dreistigkeit.

Märchentext zum Vorlesen

Das tapfere Schneiderlein

An einem Sommermorgen saß ein Schneiderlein auf seinem Tisch am Fenster, war guter Dinge und nähte aus Leibeskräften. Da kam eine Bauersfrau die Straße herab und rief: »Gut Mus feil! Gut Mus feil!« Das klang dem Schneiderlein lieblich in die Ohren, er steckte sein zartes Haupt zum Fenster hinaus und rief: »Hier herauf, liebe Frau, hier wird Sie Ihre Ware los.« Die Frau stieg die drei Treppen mit ihrem schweren Korbe zu dem Schneider herauf und musste die Töpfe sämtlich vor ihm auspacken. Er besah sie alle, hob sie in die Höhe, hielt die Nase dran und sagte endlich: »Das Mus scheint mir gut, wieg Sie mir doch vier Lot ab, liebe Frau, wenn's auch ein Viertelpfund ist, kommt es mir nicht darauf an.«

Die Frau, welche gehofft hatte, einen guten Absatz zu finden, gab ihm, was er verlangte, ging aber ganz ärgerlich und brummig fort. »Nun, das Mus soll mir Gott segnen«, rief das Schneiderlein, »und soll mir Kraft und Stärke geben«, holte das Brot aus dem Schrank, schnitt sich ein Stück über den ganzen Laib und strich das Mus darüber. »Das wird nicht bitter schmecken«, sprach er, »aber erst will ich den Wams fertig machen, eh ich anbeiße.«

Er legte das Brot neben sich, nähte weiter und machte vor Freude immer größere Stiche. Indes stieg der Geruch von dem süßen Mus hinauf an die Wand, wo die Fliegen in großer Menge saßen, sodass sie herangelockt wurden und sich scharenweise darauf niederließen. »Ei, wer hat euch eingeladen?«, sprach das Schneiderlein und jagte die ungebetenen Gäste fort. Die Fliegen aber, die kein Deutsch verstanden, ließen sich nicht abweisen, sondern kamen in immer größerer Gesellschaft wieder. Da lief dem Schneiderlein endlich, wie man sagt, die Laus über die Leber, es langte aus seiner Hosentasche nach einem Tuchlappen, und »Wart, ich will es euch geben!« schlug es unbarmherzig drauf. Als es abzog und zählte, so lagen nicht weniger als sieben vor ihm tot und streckten die Beine.

»Bist du so ein Kerl?«, sprach er und musste selbst seine Tapferkeit bewundern. »Das soll die ganze Stadt erfahren.« Und in der Hast schnitt sich das Schneiderlein einen Gürtel, nähte ihn und stickte mit großen Buchstaben darauf: »Siebene auf einen Streich!«

»Ei was, Stadt!«, sprach er weiter, »die ganze Welt soll's erfahren!« Und sein Herz wackelte ihm vor Freude wie ein Lämmerschwänzchen. Der Schneider band sich den Gürtel um den Leib und wollte in die Welt hinaus, weil er meinte, die Werkstätte sei zu klein für seine Tapferkeit. Eh er abzog, suchte er im Haus herum, ob nichts da wäre, was er mitnehmen könnte. Er fand aber nichts als einen alten Käs, den steckte er ein. Vor dem Tore bemerkte er einen Vogel, der sich im Gesträuch gefangen hatte, der musste zu dem Käse in die Tasche.

Nun nahm er den Weg tapfer zwischen die Beine, und weil er leicht und behend war, fühlte er keine Müdigkeit. Der Weg führte ihn auf einen Berg, und als er den höchsten Gipfel erreicht hatte, so saß da ein gewaltiger Riese und schaute sich ganz gemächlich um. Das Schneiderlein ging beherzt auf ihn zu, redete ihn an und sprach: »Guten Tag, Kamerad, gelt, du sitzest da und besiehst dir die weitläufige Welt? Ich bin eben auf dem Weg dahin und will mich versuchen. Hast du Lust, mitzugehen?« Der Riese sah den Schneider verächtlich an und sprach: »Du Lump! Du miserabler Kerl!« »Das wäre!«, antwortete das Schneiderlein, knöpfte den Rock auf und zeigte dem Riesen den Gürtel. »Da kannst du lesen, was ich für ein Mann bin.« Der Riese las »Siebene auf einen Streich«, meinte, das wären Menschen gewesen, die der Schneider erschlagen hätte, und kriegte ein wenig Respekt vor dem kleinen Kerl. Doch wollte er ihn erst prüfen, nahm einen Stein in die Hand und drückte ihn zusammen, dass das Wasser heraustropfte. »Das mach mir nach«, sprach der Riese, »wenn du Stärke hast.« »Ist's weiter nichts?«, sagte das Schneiderlein. »Das ist bei unsereinem Spielerei«, griff in die Tasche, holte den weichen Käs und drückte ihn, dass der Saft herauslief. »Gelt«, sprach er, »das war ein wenig besser?« Der Riese wusste

nicht, was er sagen sollte, und konnte es von dem Männlein nicht glauben. Da hob der Riese einen Stein auf und warf ihn so hoch, dass man ihn mit Augen kaum noch sehen konnte. »Nun, du Erpelmännchen, das tu mir nach.« »Gut geworfen«, sagte der Schneider, »aber der Stein hat doch wieder zur Erde herabfallen müssen. Ich will dir einen werfen, der soll gar nicht wiederkommen«, griff in die Tasche, nahm den Vogel und warf ihn in die Luft. Der Vogel, froh über seine Freiheit, stieg auf, flog fort und kam nicht wieder. »Wie gefällt dir das Stückchen, Kamerad?«, fragte der Schneider. »Werfen kannst du wohl«, sagte der Riese, »aber nun wollen wir sehen, ob du imstande bist, etwas Ordentliches zu tragen.« Er führte das Schneiderlein zu einem mächtigen Eichbaum, der da gefällt auf dem Boden lag, und sagte. »Wenn du stark genug bist, so hilf mir den Baum aus dem Wald heraustragen.« »Gerne«, antwortete der kleine Mann, »nimm du nur den Stamm auf deine Schulter, ich will die Äste mit dem Gezweig aufheben und tragen, das ist doch das schwerste.«

Der Riese nahm den Stamm auf die Schulter, der Schneider aber setzte sich auf einen Ast, und der Riese, der sich nicht umsehen konnte, musste den ganzen Baum und das Schneiderlein noch obendrein forttragen. Es war dahinten ganz lustig und guter Dinge, pfiff das Liedchen »Es ritten drei Schneider zum Tore hinaus«, als wäre das Baumtragen ein Kinderspiel. Der Riese, nachdem er ein Stück Wegs die schwere Last fortgeschleppt hatte, konnte nicht weiter und rief: »Hör, ich muss den Baum fallen lassen.« Der Schneider sprang behendiglich herab, fasste den Baum mit beiden Armen, als wenn er ihn getragen hätte, und sprach zum Riesen: »Du bist ein so großer Kerl und kannst den Baum nicht einmal tragen.« Sie gingen zusammen weiter, und als sie an einem Kirschbaum vorbeikamen, fasste der Riese die Krone des Baumes, wo die zeitigsten Früchte hingen, bog sie herab, gab sie dem Schneider in die Hand und hieß ihn essen. Das Schneiderlein aber war viel zu schwach, um den Baum zu halten, und als der Riese losließ,

fuhr der Baum in die Höhe, und der Schneider ward mit in die Luft geschnellt. Als er wieder ohne Schaden herabgefallen war, sprach der Riese: »Was ist das, hast du nicht die Kraft, die schwache Gerte zu halten?« »An der Kraft fehlt es nicht«, antwortete das Schneiderlein, «meinst du, das wäre etwas für einen, der siebene mit einem Streich getroffen hat? Ich bin über den Baum gesprungen, weil die Jäger da unten in das Gebüsch schießen. Spring nach, wenn du's vermagst.« Der Riese machte den Versuch, konnte aber nicht über den Baum kommen, sondern blieb in den Ästen hängen, also dass das Schneiderlein auch hier die Oberhand behielt. Der Riese sprach: »Wenn du ein so tapferer Kerl bist, so komm mit in unsere Höhle und übernachte bei uns.« Das Schneiderlein war bereit und folgte ihm. Als sie in der Höhle anlangten, saßen da noch andere Riesen beim Feuer, und jeder hatte ein gebratenes Schaf in der Hand und aß davon. Das Schneiderlein sah sich um und dachte, es ist doch hier viel weitläufiger als in meiner Werkstatt.

Der Riese wies ihm ein Bett an und sagte, er solle sich hineinlegen und ausschlafen. Dem Schneiderlein war aber das Bett zu groß, es legte sich nicht hinein, sondern kroch in eine Ecke. Als es Mitternacht war und der Riese meinte, das Schneiderlein läge in tiefem Schlafe, so stand er auf, nahm eine große Eisenstange, schlug das Bett mit einem Schlag durch und meinte, er hätte dem Grashüpfer den Garaus gemacht. Mit dem frühsten Morgen gingen die Riesen in den Wald und hatten das Schneiderlein ganz vergessen, da kam es auf einmal ganz lustig und verwegen dahergeschritten. Die Riesen erschraken, fürchteten, es schlüge sie alle tot, und liefen in einer Hast fort.

Das Schneiderlein zog weiter, immer seiner spitzen Nase nach. Nachdem es lange gewandert war, kam es in den Hof eines königlichen Palastes, und da es Müdigkeit empfand, so legte es sich ins Gras und schlief ein. Während es da lag, kamen die Leute, betrachteten es von allen Seiten und lasen auf dem Gürtel »Siebene auf einen Streich.« »Ach«, sprachen sie, »was will der große Kriegsheld hier mitten im Frieden? Das muss ein mächtiger Herr sein.« Sie gingen und meldeten es dem König und meinten, wenn Krieg ausbrechen sollte, wäre das ein wichtiger und nützlicher Mann, den man um keinen Preis fortlassen dürfte. Dem König gefiel der Rat, und er schickte einen von seinen Hofleuten an das Schneiderlein ab, der sollte ihm, wenn es aufgewacht wäre, Kriegsdienste anbieten. Der Abgesandte blieb bei dem Schläfer stehen, wartete, bis er seine Glieder streckte und die Augen aufschlug, und brachte dann seinen Antrag vor. »Eben deshalb bin ich hierhergekommen«, antwortete das Schneiderlein, »ich bin bereit, in des Königs Dienste zu treten.« Also ward er ehrenvoll empfangen und ihm eine besondere Wohnung angewiesen. Die Kriegsleute aber waren dem

Schneiderlein aufgesessen und wünschten, es wäre tausend Meilen weit weg. »Was soll daraus werden«, sprachen sie untereinander, »wenn wir Zank mit ihm kriegen und er haut zu, so fallen auf jeden Streich siebene. Da kann unsereiner nicht bestehen.« Also fassten sie einen Entschluss, begaben sich allesamt zum König und baten um ihren Abschied. »Wir sind nicht gemacht«, sprachen sie, »neben einem Mann auszuhalten, der siebene auf einen Streich schlägt.« Der König war traurig, dass er um des einen willen alle seine treuen Diener verlieren sollte, wünschte, dass seine Augen ihn nie gesehen hätten, und wäre ihn gerne wieder los gewesen. Aber er getraute sich nicht, ihm den Abschied zu geben, weil er fürchtete, er möchte ihn samt seinem Volke totschlagen und sich auf den königlichen Thron setzen. Er sann lange hin und her, endlich fand er einen Rat. Er schickte zu dem Schneiderlein und ließ ihm sagen, weil er ein so großer Kriegsheld wäre, so wollte er ihm ein Anerbieten machen. In einem Walde seines Landes hausten zwei Riesen, die mit Rauben, Morden, Sengen und Brennen großen Schaden stifteten, niemand dürfte sich ihnen nahen, ohne sich in Lebensgefahr zu setzen. Wenn er diese beiden Riesen überwände und tötete, so wollte er ihm seine einzige Tochter zur Gemahlin geben und das halbe Königreich zur Ehesteuer; auch sollten hundert Reiter mitziehen und ihm Beistand leisten.

Das wäre so etwas für einen Mann, wie du bist, dachte das Schneiderlein, eine schöne Königstochter und ein halbes Königreich wird einem nicht alle Tage angeboten. »O ja«, gab er zur Antwort, »die Riesen will ich schon bändigen und habe die hundert Reiter dabei nicht nötig; wer siebene auf einen Streich trifft, braucht sich vor zweien nicht zu fürchten.« Das Schneiderlein zog aus, und die hundert Reiter folgten ihm. Als es zu dem Rand des Waldes kam, sprach es zu seinen Begleitern: »Bleibt hier nur halten, ich will schon allein mit den Riesen fertig werden.«

Dann sprang er in den Wald hinein und schaute sich rechts und links um. Über ein Weilchen erblickte er beide Riesen: Sie lagen unter einem Baume und schliefen und schnarchten dabei, dass sich die Äste auf und nieder bogen. Das Schneiderlein, nicht faul, las beide Taschen voll Steine und stieg damit auf den Baum. Als es in der Mitte war, rutschte es auf einen Ast, bis es gerade über die Schläfer zu sitzen kam, und ließ dem einen Riesen einen Stein nach dem andern auf die Brust fallen. Der Riese spürte lange nichts, doch endlich wachte er auf, stieß seinen Gesellen an und sprach: »Was schlägst du mich?« »Du träumst«, sagte der andere, »ich schlage dich nicht.« Sie legten sich wieder zum Schlaf, da warf der Schneider auf den zweiten einen Stein herab. »Was soll das?«, rief der andere. »Warum wirfst du mich?« »Ich werfe dich nicht«, antwortete der erste und brummte. Sie zankten sich eine Weile herum, doch weil sie müde waren, ließen sie's gut sein, und die Augen fielen ihnen wieder zu. Das Schneiderlein fing sein Spiel von Neuem an, suchte den dicksten Stein aus und warf ihn dem ersten Riesen mit aller Gewalt auf die Brust. »Das ist zu arg!«, schrie er, sprang wie ein Unsinniger auf und stieß seinen Gesellen wider den Baum, dass dieser zitterte. Der andere zahlte mit gleicher Münze, und sie gerieten in solche Wut, dass sie Bäume ausrissen, aufeinander losschlugen, so lange, bis sie endlich beide zugleich tot auf die Erde fielen. Nun sprang das Schneiderlein herab. »Ein Glück nur«, sprach es, »dass sie den Baum, auf dem ich saß, nicht ausgerissen haben, sonst hätte ich wie ein Eichhörnchen auf einen andern springen müssen: Doch unsereiner ist flüchtig!« Es zog sein Schwert und versetzte jedem ein paar tüchtige Hiebe in die Brust, dann ging es hinaus zu den Reitern und sprach: »Die Arbeit ist getan, ich habe beiden den Garaus gemacht; aber hart ist es hergegangen, sie haben in der Not Bäume ausgerissen und sich gewehrt, doch das hilft alles nichts, wenn einer kommt wie ich, der siebene auf einen Streich schlägt.« »Seid Ihr denn nicht verwundet?«, fragten die Reiter. »Das hat gute Wege«, antwortete der Schneider, »kein Haar haben sie mir gekrümmt.« Die Reiter wollten ihm keinen Glauben beimessen und ritten in den Wald hinein: Da fanden sie die Riesen in ihrem Blute schwimmen, und ringsherum lagen die ausgerissenen Bäume. Das Schneiderlein verlangte von dem König die versprochene Belohnung, den aber reute sein Versprechen, und er sann aufs Neue, wie er sich den Helden vom Halse schaffen könnte. »Ehe du meine Tochter und das halbe Reich erhältst«, sprach er zu ihm, »musst du noch eine Heldentat vollbringen. In dem Walde läuft ein Einhorn, das großen Schaden anrichtet. Das musst du erst einfangen.«

»Vor einem Einhorne fürchte ich mich noch weniger als vor zwei Riesen; siebene auf einen Streich, das ist meine Sache.« Er nahm sich einen Strick und eine Axt mit, ging hinaus in den Wald und hieß abermals die, welche ihm zugeordnet waren, außen warten. Er brauchte nicht lange zu suchen, das Einhorn kam bald daher und sprang geradezu auf den Schneider los, als wollte es ihn ohne Umstände aufspießen. »Sachte, sachte«, sprach er, »so geschwind geht das nicht«, blieb stehen und wartete, bis das Tier ganz nahe war, dann sprang er behendiglich hinter den Baum. Das Einhorn rannte mit aller Kraft gegen den Baum und spießte sein Horn so fest in den Stamm, dass

es nicht Kraft genug hatte, es wieder herauszuziehen, und so war es gefangen. »Jetzt hab ich das Vöglein«, sagte der Schneider, kam hinter dem Baum hervor, legte dem Einhorn den Strick erst um den Hals, dann hieb er mit der Axt das Horn aus dem Baum, und als alles in Ordnung war, führte er das Tier ab und brachte es dem König.

Der König wollte ihm den verheißenen Lohn noch nicht gewähren und machte eine dritte Forderung. Der Schneider sollte ihm vor der Hochzeit erst ein Wildschwein fangen, das in dem Wald großen Schaden tat; die Jäger sollten ihm Beistand leisten. »Gerne«, sprach der Schneider, »das ist ein Kinderspiel.« Die Jäger nahm er nicht mit in den Wald, und sie waren's wohl zufrieden, denn das Wildschwein hatte sie schon mehrmals so empfangen, dass sie keine Lust hatten, ihm nachzustellen. Als das Schwein den Schneider erblickte, lief es mit schäumendem Munde und wetzenden Zähnen auf ihn zu und wollte ihn zur Erde werfen. Der flüchtige Held aber sprang in eine Kapelle, die in der Nähe war, und gleich oben zum Fenster in einem Satze wieder hinaus. Das Schwein war hinter ihm hergelaufen, er aber hüpfte außen herum und schlug die Tür hinter ihm zu; da war das wütende Tier gefangen, das viel zu schwer und unbehilflich war, um zu dem Fenster hinauszuspringen. Das Schneiderlein rief die Jäger herbei, die mussten den Gefangenen mit eigenen Augen sehen. Der Held aber begab sich zum Könige, der nun, er mochte wollen oder nicht, sein Versprechen halten musste und ihm seine Tochter und das halbe Königreich übergab. Hätte er gewusst, dass kein Kriegsheld, sondern ein Schneiderlein vor ihm stand, es wäre ihm noch mehr zu Herzen gegangen. Die Hochzeit ward also mit großer Pracht und kleiner Freude gehalten und aus einem Schneider ein König gemacht.

Nach einiger Zeit hörte die junge Königin in der Nacht, wie ihr Gemahl im Traume sprach: »Junge, mach mir den Wams und flick mir die Hosen, oder ich will dir die Elle über die Ohren schlagen.« Da merkte sie, in welcher Gasse der junge Herr geboren war, klagte am anderen Morgen ihrem Vater ihr Leid und bat, er möchte ihr von dem Manne helfen, der nichts anderes als ein Schneider wäre. Der König sprach ihr Trost zu und sagte: »Lass in der nächsten Nacht deine Schlafkammer offen, meine Diener sollen außen stehen und, wenn er eingeschlafen ist, hineingehen, ihn binden und auf ein Schiff tragen, das ihn in die weite Welt führt.« Die Frau war damit zufrieden, des Königs Waffenträger aber, der alles mit angehört hatte, war dem jungen Herrn gewogen und hinterbrachte ihm den ganzen Anschlag. »Dem Ding will ich einen Riegel vorschieben«, sagte das Schneiderlein. Abends legte es sich zu gewöhnlicher Zeit mit seiner Frau zu Bett. Als sie glaubte, er sei eingeschlafen, stand sie auf, öffnete die Tür und legte sich wieder. Das Schneiderlein, das sich nur stellte, als wenn es schliefe, fing an mit heller Stimme zu rufen: »Junge, mach mir den Wams und flick mir die Hosen, oder ich will dir die Elle über die Ohren schlagen! Ich habe siebene mit einem Streich getroffen, zwei Riesen getötet, ein Einhorn fortgeführt und ein Wildschwein gefangen und sollte mich vor denen fürchten, die draußen vor der Kammer stehen!« Als diese den Schneider also sprechen hörten, überkam sie eine große Furcht, sie liefen, als wenn das wilde Heer hinter ihnen wäre, und keiner wollte sich mehr an ihn wagen. Also war und blieb das Schneiderlein sein Lebtag ein König.

Fragen zum Gespräch mit den Kindern

- *Was erwischte der Schneider auf einen Streich?*
- *Warum wollte das Schneiderlein in die Welt hinausziehen?*
- *Wolltest du auch schon einmal ganz allein weit weggehen?*
- *Was ist Tapferkeit?*
- *Hast du schon einmal ein Wildschwein gesehen, und wo?*
- *Gibt es Einhörner und Riesen wirklich?*
- *Warum konnte das Schneiderlein alle schwierigen Aufgaben lösen?*
- *Was gefällt dir an dem tapferen Schneiderlein und was nicht?*

Spiele und Lieder

Das Schneiderlein fing Fliegen Spiellied

Text: Autorinnen, Melodie: überliefert

Die Kinder stehen im Stuhlkreis, singen und führen die vorgeschlagenen Bewegungen zum Liedtext aus.

Schneiderlein-Tanz Bewegungsspiel

Die Kinder stellen sich im Kreis auf und sprechen rhythmisch im 4/4-Takt »Schnei-der-lein«, auf den vierten Schlag kommt ein Klatschen. Also: »Schnei-der-lein Klatsch«, »Schnei-der-lein Klatsch« ... so lange, bis alle in den Rhythmus gefunden haben.

Danach kommen Bewegungen dazu: »Schnei« – mit dem rechten Fuß zurück, »der« – der linke Fuß zieht nach, »lein« – mit dem rechten Fuß nach vorn, »klatsch« – mit dem linken Fuß dazu springen.

Variationen:

- den Rhythmus ändern; schneller oder langsamer werden
- die Mädchen sprechen mit hoher Stimme, die Jungen sprechen mit tiefer Stimme oder umgekehrt

Schneider, leih mir die Scher'! Fangspiel

Vor dem Spiel wird der *arme Schneider* durch den Abzählvers (siehe unten) ermittelt. Die anderen Mitspieler sind die *Schneider*, die sich einen Baum oder ein Haus, markiert durch einen Reifen oder Kreidekreis, im Abstand von drei bis vier Metern suchen. In der Mitte steht der *arme Schneider*, der nun bettelnd von einem Spieler zum anderen geht: »*Schneider, leih mir die Scher'!*« Die *Schneider* antworten z. B.: »*Geh zu meinem Nachbarn!*« oder »*Ich hab' keine!*« oder »*Die ist gerade beim Schleifer!*«. Dabei wechseln die Spieler sooft wie möglich ihre Plätze. Der *arme Schneider* muss versuchen, einen freien Platz zu bekommen. Gelingt es ihm, so gibt es in der nächsten Spielrunde einen neuen *armen Schneider*.

Abzählvers (Autorinnen)

Eins, zwei, drei, vier, fünf, sechs, sieben
schlug das tapfre Schneiderlein
auf einen Streich – du musst es sein!

Schni-Schna-Schneiderlein Klatschspiel

Schni-Schna-Schneider-lein,
wa-rum willst du so tap-fer sein?
Ich will so stark und tap-fer sein,
ich bin das Schni-Schna-Schneider-lein.

Die Kinder sitzen im Kreis und rhythmisieren den Text durch Klatschen in die Hände und/oder abwechselndes Schlagen auf die Oberschenkel. Wiederholungen können mit unterschiedlicher Lautstärke und Dynamik variiert werden.

Rätselreim

Ein kleiner Mann kämpft' gegen einen großen,
aber nicht mit Schlagen und mit Stoßen.
Er gewann mit großer List,
und heute er noch König ist.

Zeigt her eure Füße Spiellied

Text: Autorinnen, Melodie: überliefert

2. Sie dämpfen und bügeln ...

3. Sie singen und tanzen ...

Die Kinder stehen im Kreis. Zum Refrain strecken sie abwechselnd den linken und rechten Fuß vor. Zu den einzelnen Strophen werden die im Text angegebenen Bewegungen nachgeahmt.

Fliegenfalle Geschicklichkeitsspiel

Material: *7 Weinkorken, schwarzes Krepppapier, schwarzer Filzstift, stabiler Bindfaden, Schere, Klebstoff, ein runder Bierdeckel, ein großer stabiler Kunststoffbecher, Farbwürfel*

Herstellung »Fliegen«: Am unteren Drittel des Korkens einen stabilen Faden fest anknoten (ca. 40 cm lang). Ein kleines Stück Krepppapier in der Mitte mit einem dünnen Faden abbinden und etwas oberhalb des Fadens festkleben. Das Krepppapier zu beiden Seiten etwas auseinanderzupfen – das sind die Flügel der Fliege. Jeder Fliege mit dem Filzstift ein Gesicht aufmalen.
Auch der Bierdeckel kann angemalt oder beklebt werden (z. B. in der Farbe von Pflaumenmus).

Spielanleitung: Sechs Spieler stellen ihre Fliegen in der Mitte des Tisches auf dem Bierdeckel eng zusammen und halten jeweils das Schnurende fest. Ein Spieler ohne Fliege erhält einen Farbwürfel und einen Würfelbecher. Zeigt der Würfel rot oder blau, so müssen die Spieler ihre Fliegen schnell wegziehen. Der Würfler aber versucht, eine möglichst große Anzahl Fliegen mit dem Becher zu fangen. Er erhält für jede gefangene Fliege vom Spieler eine Spielmarke, ebenso erhält er von demjenigen eine Spielmarke, der seine Fliege irrtümlich bei einer anderen Farbe fortzieht. Gelingt es dem Würfler nicht, bei rot oder blau eine Fliege zu fangen oder bedeckt er bei einer anderen Farbe eine Fliege mit dem Becher, so zahlt er selbst an alle Mitspieler Strafe und gibt den Becher an den nächsten Spieler weiter.

Zungenbrecher

Wenn hinter Fliegen Fliegen fliegen,
fliegen Fliegen Fliegen nach.

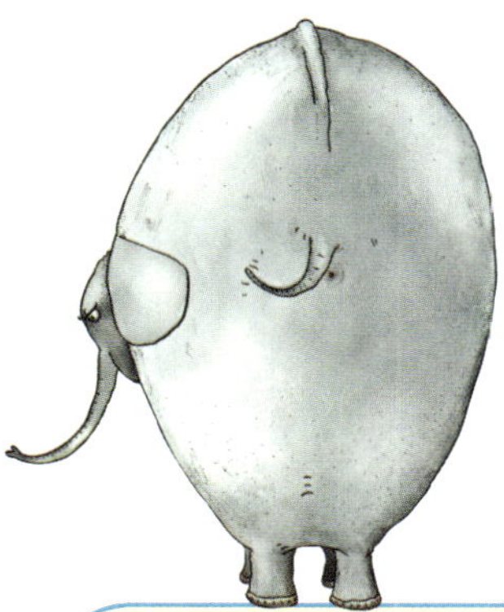

Rätselreim

Wer kaufte Pflaumenmus vier Lot
und schlug dann sieben Fliegen tot?
Wer quetschte Wasser aus dem Stein,
warf in die Luft ein Vögelein?
Wer hat zwei Riesen umgebracht
und wurd' zum König dann gemacht?

Spots in movement Rollenspiel

Material: *mittelalterliche Musik*

Alle gehen zur Musik kreuz und quer durch den Raum. Wird die Musik unterbrochen, ruft die Spielleitung eine Figur aus dem Märchen auf, z. B. »Schneiderlein«, und sofort müssen die Kinder sich springend und tänzelnd bewegen. Weitere Beispiele für Figuren und Körperhaltungen:

Alte Bauersfrau – *gebückt, hinkend gehen;* Riese – *große Schritte machen, die Arme dabei heben;* Prinzessin – *graziös gehen und das Kleid halten;*/ Bote des Königs – *aufrecht schreiten, Verbeugung machen;* Wildschwein – *schnaufend und brausend herumjagen*; Einhorn – *galoppieren und schnauben*

Schneiderleins Mus? Sinnesspiel

»Gut Mus feil! Gut Mus feil!«, so rief die Bauersfrau im Märchen.

Die Kinder sollen nun durch riechen und schmecken herausfinden, welches Mus das tapfere Schneiderlein wohl gegessen hat. Dazu werden drei bis vier verschiedene Mussorten (Rezepte s. S. 145) angeboten, ältere Kinder testen mit verbundenen Augen.

Kreative Gestaltung

Schneiderleins Gürtel selber machen

Material: *Packpapier oder dünne Pappe, Moosgummi, Lochzange, Schleifenbänder, Schere, Filzstifte*

Aus Packpapier oder dünner Pappe eine Gürtelschablone herstellen (Länge: 25 cm, Breite: 14 cm), auf das Moosgummi legen und ausschneiden.

An den beiden Enden jeweils zwei Löcher übereinander mit der Lochzange anbringen und Schleifenbänder durchziehen. Die Länge der Schleifenbänder muss der Taillenweite des Kindes angepasst werden, denn sie werden später auf dem Rücken zusammengebunden.

Jedes Kind malt nun mit Filzstiften sein »Ich-Rezept« aus sieben symbolischen Zutaten auf seinen Gürtel, z. B. Löwenkopf (Mut), Gewichtheber (Stärke), Clown (Spaß), Herz (gute Freunde) ...

Rollbild

Material: *Kopiervorlage, Schere, Buntstifte, Klebstoff, glatter Stift*

Zwei Bilder eines Motivs ausschneiden und farbig gestalten. Danach übereinander legen und am linken Seitenrand zusammenkleben.
Das obere Blatt auf den glatten Griff eines Stiftes von rechts nach links eng aufrollen. Durch kurze Rollbewegungen des Stiftes entwickeln sich die starren Bilder zu bewegten Bildern.

Variante: Ältere Kinder gestalten eigene Rollbilder.

Streichholzschachtel-Märchen

Material: *Streichholzschachtel, Papierstreifen, Bleistift, Bunt- oder Filzstifte, Schere, Klebstoff*

Das Märchen in so kleinen Bildern auf den Papierstreifen malen, dass er in die Streichholzschachtel passt. Dazu einen 3 cm breiten Papierstreifen (am besten die lange Seite eines A3-Blattes) abschneiden. Den Streifen mit Bleistift in neun gleich lange Kästchen (je ca. 4,5 cm) teilen. Damit bleibt rechts noch ein kürzeres Kästchen, das am Ende zum Herausziehen dient. Nun die einzelnen Szenen des Märchens in die Kästchen zeichnen.

Achtung: mit der ersten Szene rechst außen beginnen!
Das letzte Kästchen links muss frei bleiben.

Wenn der ganze Streifen bemalt ist, wird das letzte Kästchen in der Streichholzschachtel festgeklebt. Die Kästchen übereinander falten und den ganzen Streifen in die Streichholzschachtel stecken, nur den letzten Zipfel rechts herausschauen lassen. Die Streichholzschachtel kann noch beliebig bemalt werden.

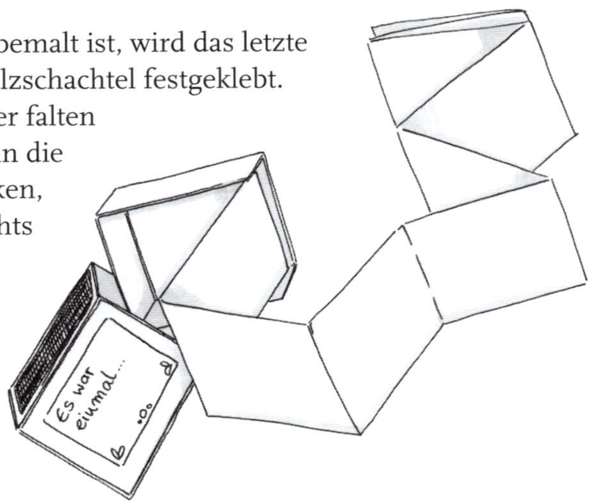

Rezepte zum Schneiderlein Mus

Apfelmus

Zutaten: *1 kg Äpfel, 100 ml Wasser, Zimt, Zucker*

Die Äpfel waschen und entkernen, zusammen mit dem Wasser im Schnellkochtopf 2 Minuten oder im normalen Topf 10 Minuten kochen. Durch ein Sieb oder eine »Flotte Lotte« streichen und eventuell mit Zucker und Zimt abschmecken.

Variation: Nach dem gleichen Rezept Birnenmus herstellen.

Pfirsichmus

Zutaten: *1 kg Pfirsiche, Zitronensaft*

Pfirsichhälften in kleine Stücke schneiden (die Hälfte für Garnitur beiseite legen) und mit dem Stabmixer pürieren. Mit Zitronensaft abschmecken.

Die restlichen Pfirsichhälften in schmale Spalten schneiden und in das Mus rühren.

Pflaumenmus

Zutaten: *1 kg Pflaumen (Zwetschgen) entsteint gewogen, 350 g Gelierzucker, 1 Stück Zimtstange oder Vanillestange*

Die gewaschenen, entsteinten Pflaumen gründlich zerkleinern. Mit dem Gelierzucker und dem Gewürz verrühren und zum Kochen bringen. Unter ständigem Rühren 15–20 Minuten kochen lassen. Das Gewürz entfernen und die heiße Musmasse in Gläser füllen.

Die goldene Gans (KHM 64)

Eigentlich ist er zu nichts zu gebrauchen. Erst als seine älteren Brüder verletzt und unverrichteter Dinge vom Holzhauen aus dem Wald zurückkehren, darf der Dummling es probieren. Und es gelingt ihm vortrefflich. Nicht weil er dumm ist, sondern weil er ein guter Mensch ist und anderen hilft. Aus diesem Grunde helfen ihm wiederum magische Kräfte mit ihren Wundergaben. In seiner unbefangenen Naivität bringt er die Königstochter zum Lachen und erhält sie zum Dank zur Frau, und mit ihr das ganze Königreich. »Richtig so!«, sagen nicht nur Kinder.

Märchentext zum Vorlesen

Die goldene Gans

Es war ein Mann, der hatte drei Söhne, davon hieß der jüngste der Dummling und wurde verachtet und verspottet und bei jeder Gelegenheit zurückgesetzt. Es geschah, dass der älteste in den Wald gehen wollte, Holz hauen, und eh' er ging, gab ihm noch seine Mutter einen schönen feinen Eierkuchen und eine Flasche Wein mit, damit er nicht Hunger und Durst litte. Als er in den Wald kam, begegnete ihm ein altes graues Männlein, das bot ihm einen guten Tag und sprach: »Gib mir doch ein Stück Kuchen aus deiner Tasche und lass mich einen Schluck von deinem Wein trinken! Ich bin so hungrig und durstig.« Der kluge Sohn aber antwortete: »Geb ich dir meinen Kuchen und meinen Wein, so hab ich selber nichts, pack dich deiner Wege!«, ließ das Männlein stehen und ging fort. Als er nun anfing, einen Baum zu behauen, dauerte es nicht lange, so hieb er fehl, und die Axt fuhr ihm in den Arm, dass er musste heimgehen und sich verbinden lassen. Das war aber von dem grauen Männchen gekommen.

Darauf ging der zweite Sohn in den Wald, und die Mutter gab ihm, wie dem ältesten, einen Eierkuchen und eine Flasche Wein. Dem begegnete gleichfalls das alte graue Männchen und hielt um ein Stückchen Kuchen und einen Trunk Wein an. Aber der zweite Sohn sprach auch ganz verständig: »Was ich dir gebe, das geht mir selber ab, pack dich deiner Wege!«, ließ das Männlein stehen und ging fort. Die Strafe blieb nicht aus, als er ein paar Hiebe am Baum getan, hieb er sich ins Bein, dass er musste nach Haus getragen werden.

Da sagte der Dummling: »Vater, lass mich einmal hinausgehen und Holz hauen!« Antwortete der Vater: »Deine Brüder haben sich Schaden dabei getan, lass dich davon, du verstehst nichts davon.« Der Dummling aber bat so lange, bis er endlich sagte: »Geh nur hin, durch Schaden wirst du klug werden.« Die Mutter gab ihm einen Kuchen, der war mit Wasser in der Asche gebacken, und dazu eine Flasche saures Bier. Als er in den Wald kam, begegnete ihm gleichfalls das alte graue Männchen, grüßte ihn und sprach: »Gib mir ein Stück von deinem Kuchen und einen Trunk aus deiner Flasche, ich bin so hungrig und durstig.« Antwortet der Dummling: »Ich habe nur Aschenkuchen und saures Bier, wenn dir das recht ist, so wollen wir uns setzen und essen.« Da setzten sie sich, und als der Dummling seinen Aschenkuchen herausholte, so war's ein feiner Eierkuchen, und das saure Bier war ein guter Wein. Nun aßen und tranken sie, und danach sprach das Männlein: »Weil du ein gutes Herz hast und von dem deinigen gerne mitteilst, so will ich dir Glück bescheren. Dort steht ein alter Baum, den hau ab, so wirst du in den Wurzeln etwas finden.« Darauf nahm das Männlein Abschied. Der Dummling ging hin und hieb den Baum um, und wie er fiel, saß in den Wurzeln eine Gans, die hatte Federn von reinem Gold. Er hob sie heraus, nahm sie mit sich und ging in ein Wirtshaus, da wollte er übernachten. Der Wirt hatte aber drei Töchter, die sahen die Gans, waren neugierig, was das für ein wunderlicher Vogel wäre, und hätten gar gern eine von seinen goldenen Federn gehabt. Die Älteste dachte: ‚Es wird sich schon eine Gelegenheit finden, wo ich mir eine Feder ausziehen kann.' Und als der Dummling einmal hinausgegangen war, fasste sie die Gans beim Flügel, aber Finger und Hand blieben ihr daran fest hängen. Bald hernach kam die zweite und hatte keinen andern Gedanken, als

sich eine goldene Feder zu holen, kaum aber hatte sie ihre Schwester angerührt, so blieb sie fest hängen. Endlich kam auch die dritte in der gleichen Absicht. Da schrieen die andern: »Bleib weg, um Himmels Willen bleib weg!« Aber sie begriff nicht, warum sie wegbleiben sollte, dachte: ‚Sind die dabei, so kann ich auch dabei sein', und sprang hinzu, und wie sie ihre Schwester angerührt hatte, so blieb sie an ihr hängen. So mussten sie die Nacht bei der Gans zubringen. Am anderen Morgen nahm der Dummling die Gans in den Arm ging fort und kümmerte sich nicht um die drei Mädchen, die daran hingen. Sie mussten immer hinter im dreinlaufen, links und rechts, wie's ihm in die Beine kam. Mitten auf dem Felde begegnete ihnen der Pfarrer, und als er den Aufzug sah, sprach er: »Schämt euch, ihr garstigen Mädchen, was lauft ihr dem jungen Bursch durchs Feld nach, schickt sich das?« Damit fasste er die Jüngste an der Hand und wollte sie zurückziehen, wie er sie aber anrührte, blieb er gleichfalls hängen und musste selber hinterdreinlaufen. Nicht lange, so kam der Küster daher und sah den Herrn Pfarrer, der drei Mädchen auf dem Fuß folgte. Da verwunderte er sich und rief: »Ei, Herr Pfarrer, wo hinaus so geschwind?, vergesst nicht, dass wir heute noch eine Kindtaufe haben.« Lief auf ihn zu und fasste ihn am Ärmel, blieb aber auch fest hängen. Wie die fünf so hintereinander hertrabten, kamen zwei Bauern mit ihren Hacken vom Felde. Da rief der Pfarrer sie an und bat, sie möchten ihn und den Küster losmachen. Kaum aber hatten sie den Küster angerührt, so blieben sie hängen, und waren ihrer nun siebene, die dem Dummling mit der Gans nachliefen. Er kam darauf in eine Stadt; da herrschte ein König, der hatte eine Tochter, die war so ernsthaft, dass sie niemand zum Lachen bringen konnte. Darum hatte er ein Gesetz gegeben, wer sie könnte zum Lachen bringen, der sollte sie heiraten. Der Dummling, als er das hörte, ging mit seiner Gans und ihrem Anhang vor die Königstochter, und als diese die sieben Menschen immer hintereinander herlaufen sah, fing sie überlaut an zu lachen und wollte gar nicht wieder aufhören. Da verlangte sie der Dummling zur Braut, aber dem König gefiel der Schwiegersohn nicht, er machte allerlei Einwendungen und sagte, er müsste ihm erst einen Mann bringen, der einen Keller voll Wein austrinken könne. Der Dummling dachte an das graue Männchen, das könnte ihm wohl helfen, ging hinaus in den Wald, und auf der Stelle, wo er den Baum abgehauen hatte, sah er einen Mann sitzen, der machte ein ganz betrübtes Gesicht. Der Dummling fragte, was er sich so sehr zu Herzen nähme. Da antwortete er: »Ich habe so großen Durst und kann ihn nicht löschen, das kalte Wasser vertrage ich nicht, ein Fass Wein habe ich zwar ausgeleert, aber was ist ein Tropfen auf einen heißen Stein?« »Da kann ich dir helfen«, sagte der Dummling, »komm nur mit mir, du sollst satt haben!« Er führte ihn darauf in des Königs Keller, und der

Mann machte sich über die großen Fässer, trank und trank, dass ihm die Hüften wehtaten, und ehe ein Tag herum war, hatte er den ganzen Keller ausgetrunken. Der Dummling verlangte abermals seine Braut, der König aber ärgerte sich, dass ein schlechter Bursch, den jedermann einen Dummling nannte, seine Tochter davontragen sollte, und machte neue Bedingungen: Er müsste erst einen Mann schaffen, der einen Berg voll Brot aufessen könnte. Der Dummling besann sich nicht lange, sondern ging gleich hinaus in den Wald. Da saß auf demselben Platz ein Mann, der schnürte sich den Leib mit einem Riemen zusammen, machte ein grämliches Gesicht und sagte: »Ich habe einen ganzen Backofen voll Raspelbrot gegessen, aber was hilft das, wenn man so großen Hunger hat wie ich. Mein Magen bleibt leer, und ich muss ihn zuschnüren, wenn ich nicht Hungers sterben soll.« Der Dummling war froh darüber und sprach: »Mach dich auf und geh mit mir, du sollst dich satt essen!« Er führte ihn an den Hof des Königs, der hatte alles Mehl aus dem ganzen Reich zusammenfahren und einen ungeheuren Berg davon bauen lassen; der Mann aber aus dem Walde stellte sich davor, fing an zu essen, und in einem Tag war der ganze Berg verschwunden. Der Dummling forderte zum dritte Mal seine Braut. Der König aber suchte noch einmal Ausflucht und verlangte ein Schiff, das zu Land und zu Wasser fahren könnt. »Sowie du aber damit angesegelt kommst«, sagte er, »sollst du gleich meine Tochter zur Gemahlin haben.« Der Dummling ging geraden Weges in den Wald, da saß das alte graue Männchen, dem er seinen Kuchen gegeben hatte, und sagte: »Ich habe für dich getrunken und gegessen, ich will dir auch das Schiff geben; das alles tu ich, weil du barmherzig gegen mich gewesen bist.« Da gab er ihm das Schiff, das zu Land und zu Wasser fuhr, und als der König das sah, konnte er ihm seine Tochter nicht länger vorenthalten. Die Hochzeit ward gefeiert; nach des Königs Tod erbte der Dummling das Reich und lebte lange Zeit vergnügt mit seiner Gemahlin.

Fragen zum Gespräch mit den Kindern

- *Warum geben die Brüder des Dummlings dem Männlein nichts zu essen?*
- *Wie wird der Dummling von seinen Eltern und Brüdern behandelt?*
- *Warum schenkt das Männlein dem Dummling die goldene Gans?*
- *Welche Menschen bleiben an der Gans kleben?*
- *Welche Prüfungen muss der Dummling bestehen, bevor er die Königstochter heiraten darf?*
- *Warum wird der Dummling »Dummling« genannt? War er wirklich dumm?*

Spiele und Lieder

Dummling hin, Dummling her Singspiel

Melodie: überliefert, Text: Autorinnen

Material: *eine goldene Gans (Herstellung s. S. 153)*

Vor Beginn des Singspiels werden die Rollen verteilt: Dummling, graues Männlein, drei Gastwirtstöchter, Pfarrer, Küster, zwei Bauern, Königstochter, König

Die Kinder stehen im Kreis und singen. Zum Refrain erfolgt ein Seitwärtsschritt nach links, dann ein Seitwärtsschritt nach rechts und eine Drehung auf der Stelle. Die Spieler agieren in ihren Rollen, dem Liedtext entsprechend.

2. Findet Gans in einem Baum, goldne Federn, goldner Flaum.

   Refrain: Dummling hin ...

3. Gastwirts Töchter packt die Gier, kleben alle fest an ihr ...

   Refrain: Dummling hin ...

4. Dummling geht, der Pfarrer sieht's, packt die dritte, schon geschieht's...

   Refrain: Dummling hin ...

5. Küster, Bauern, festgemacht. Königstochter sieht's und lacht ...

   Refrain: Dummling hin ...

6. Dummling will zur Braut sie dann. König zögert, fordert Mann ...

   Refrain: Dummling hin ...

7. Schlingen soll er in sich rein, Berge Brot und Fässer Wein ...

   Refrain: Dummling hin ...

8. Männlein regelt's. König sagt: »Will ein Schiff besondrer Art!«

   Refrain: Dummling hin …

9. Kriegt das Schiff. Jetzt fällt's nicht schwer. König gibt die Tochter her.

   Refrain: II: Dreimal Hoch dem Hochzeitspaar, soll es leben hundert Jahr! :II

Eins und eins und zwei macht vier Kreisspiel

Text: überliefert, Melodie: Autorinnen

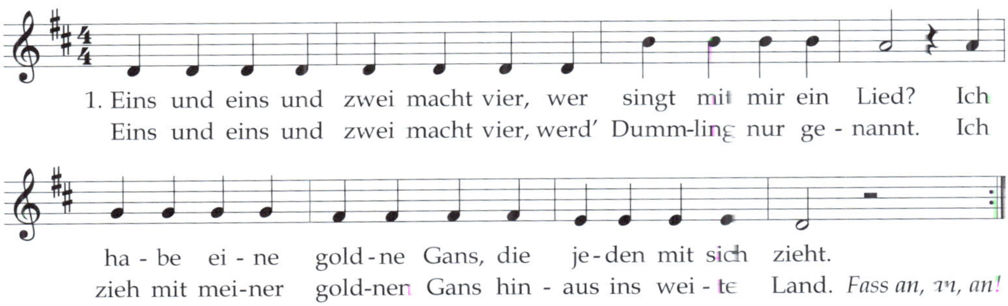

2. Eins und eins und zwei macht vier,
   wer singt mit mir ein Lied?
   Ich habe eine goldne Gans,
   die jeden mit sich zieht.

3. Eins und eins und zwei macht vier,
   werd' Dummling nur genannt.
   Ich zieh mit meiner goldnen Gans,
   hinaus ins weite Land.
   Fass an, an, an!

Material: *goldene Gans aus Pappmaché (Bastelanleitung s. S. 153)*

Die Kinder bilden einen Kreis, gehen in eine Richtung und singen. Um den Außenkreis geht in entgegengesetzter Laufrichtung der Dummling mit seiner goldnen Gans unter dem Arm. Bei: »Fass an, an, an!« tippt er drei Mitspieler an, die an der Gans »festkleben« und hintereinanderher marschieren. So lange spielen, bis nur noch ein Spieler übrig bleibt. Dieser spielt die Königstochter, die beim Anblick der »Gänsekette« laut anfängt zu lachen.

Abzählreim

Dummling findet eine Gans,
goldne Federn bis zum Schwanz.
Jeder klebt gleich an.
Du bist dran.

Gold-Gans Fangspiel

Vor Beginn des Spiels die »Gold-Gans« durch einen Abzählreim ermitteln. Und dann geht's los: Berührt die Gold-Gans jemanden, so muss dieser an ihr klebend (Hand in Hand) versuchen, die anderen Mitspieler zu fangen. Die sich daraus ergebende Kette darf weder durchbrochen noch unterlaufen werden. Die Gold-Gans kann nur am Ende der Kette die noch freien Spieler berühren. Das Spiel ist zu Ende, wenn alle Mitspieler an der Gold-Gans kleben.

Kreative Gestaltung

Goldene-Gans-Laterne

Material: *Luftballon, Tapetenkleister, Transparentpapier, Schere, evtl. ein paar Federn, gelbes Tonpapier, Zange und Draht, Nadel oder Lochzange, Laternenstab*

Tapetenkleister anrühren, Transparentpapier in kleine Stücke reißen, Luftballon aufblasen. Den Luftballon mit Kleister einschmieren und Transparentpapier in fünf bis sieben Lagen Schicht um Schicht aufkleben; dabei ca. 3 cm rund um den Knoten des Ballons frei lassen. Den Ballon mit dem nicht beklebten Bereich auf einen leeren Eimer legen und mehrere Tage trocknen lassen.

Während der Ballon trocknet, Füße, Kopf und Bürzel aus Tonpapier ausschneiden. Die Gans evtl. noch mit ein paar Federn verzieren. Nach dem Trocknen den Ballon mit einer Nadel zerplatzen lassen und die Rückstände vorsichtig aus der Transparentpapier-Hülle entfernen. Den Rand mit einer Schere sauber abschneiden.
Kopf, Füße und Bürzel befestigen. Dafür an den entsprechenden Stellen mit einem scharfen Messer Schlitze anbringen, ca.1,5 cm der ausgeschnittenen Teile nach innen führen und von innen festkleben. Mit einer Nadel oder Lochzange zwei gegenüberliegende Löcher in den oberen Rand stechen, durch diese den Draht führen und an beiden Enden umeinanderdrehen.

Goldene Gans aus Pappmaché

Material: *2 Luftballons, 3 WC-Papier-Rollen, Eierkarton (2 Spitzen davon), Karton, Kleister, Zeitungspapier (in kurze Streifen reißen), Klebestreifen, Plakatfarbe, Pinsel*

Kleister wie auf der Packung beschrieben anrühren, die Ballons aufblasen: großer Ballon = Körper, kleiner Ballon = Kopf; Zeitungsstreifen mit Kleister bestreichen und auf die Ballons aufkleben. Darauf achten, dass die Zeitungsstücke überlappend aufliegen. Mindestens vier Schichten kleben. Die Figur gut trocknen lassen.

Die WC-Papier-Rollen oben und unten längs ca. 1,5 cm einschneiden. Die Abschnitte nach unten klappen.
Den Kopf und den Körper mit einer WC-Rolle verbinden. Die Abschnitte der WC-Rolle mit Klebestreifen auf Kopf und Körper befestigen.
Für die Beine die beiden anderen WC-Papier-Rollen mit Klebstreifen am Körper befestigen.
Aus dem Karton Füße ausschneiden und ebenfalls mit Klebstreifen an den Beinen befestigen.
Hals, Beine und Füße mit Zeitungspapierstücken einkleistern. Auch hier sind mehrere Lagen erforderlich.
Für den Schnabel und den Schwanz zwei Spitzen eines Eierkartons mit Klebstreifen befestigen und mit Zeitungspapier festkleistern.
Ist die Figur getrocknet, kann sie mit gelber oder goldener Farbe angemalt werden.
Zusätzlich können gelbe oder mit goldener Farbe angemalte Federn an den Körper geklebt werden.

Goldene Gans aus Buntpapier

Material: *schwarzes Tonpapier, gelber Buntstift, goldfarbenes, gummiertes Buntpapier, orange Plakatfarbe, wasserfester schwarzer Stift, evtl. nasses Schwämmchen*

Mit dem gelben Buntstift die Gans auf das schwarze Tonpapier malen. Dabei das Malen mit einem rhythmischen Vers verbinden:

Ri–ra–rauch, ein dicker Bauch.
Tri–tra–tropf, ein runder Kopf.
Schi–scha–schals, ein langer Hals.
Mi–ma–mabel, ein Gänseschnabel.
Ri–ra–ranz, ein Stummelschwanz.
Ri–ra–rüß, zwei Watschelfüß.

Das goldene Buntpapier in Stückchen reißen und die Gans mit den Buntpapierschnipseln bekleben (nicht zu nass, da sie sonst nicht mehr so gut kleben). Die Stücke überlappend aufkleben. Mit orange Plakatfarbe Beine und Schnabel anmalen und mit dem wasserfesten Stift das Auge auf das Buntpapier malen.

Rezept zum Hochzeitsfest des Dummlings

Goldene Gänse aus Quark-Öl-Teig

Zutaten: *200 g Magerquark, 100 g Zucker, 8 Esslöffel Öl, 6 Esslöffel Milch, 1 Ei, 1 Prise Salz, 1 Päckchen Vanillezucker, 400 g Mehl, 1 ganzes Päckchen und 2 gestrichene Teelöffel Backpulver, 1 Packung Rosinen (für die Gänseaugen)*

Für die Glasur: *Puderzucker, Saft einer Zitrone*

Quark verrühren und nach und nach mit Zucker, Ei, Vanillezucker, Milch, Öl und einer Prise Salz vermengen. Danach das Backpulver und zwei Drittel des Mehls unterheben. Alles zu einem glatten Teig verrühren. Nun den Teig mit dem restlichen Mehl mittels des Knethakens des Handrührgerätes oder per Hand gut durchkneten. Klebt der Teig noch, wird zusätzliches Mehl untergearbeitet.
Den fertigen Teig auf der bemehlten Arbeitsfläche ausrollen. Mit einer Gänse-Ausstechform (im Fachhandel erhältlich) Gänse ausstechen oder eine aus Pappe angefertigte Gänseschablone auf den Teig legen und die Gänse mit einem Küchenmesser ausschneiden. Anschließend die Gänse auf ein mit Backpapier ausgelegtes Backblech legen und in jeden Gänsekopf noch eine Rosine als Auge drücken. Im vorgeheizten Backofen ca. 15–20 Minuten bei 200°C backen.

Abschließend die ausgekühlten Gänse mit einem Zuckerguss aus Puderzucker, der mit dem Saft einer Zitrone verrührt wurde, bepinseln.

Sachregister

KHM 153	Die Sterntaler
KHM 103	Der süße Brei
Andersen	Die Prinzessin auf der Erbse
KHM 63	Der Wolf und die sieben jungen Geißlein
KHM 15	Hänsel und Gretel
KHM 26	Rotkäppchen
KHM 1	Der Froschkönig
KHM 21	Aschenputtel
KHM 50	Dornröschen
KHM 53	Schneewittchen
KHM 20	Das tapfere Schneiderlein
KHM 64	Die goldene Gans

Spiele und Lieder

Bewegungsspiele

Erzählspiele

Fangspiele

Schmeckspiele

Singspiele

Spiellieder

Suchspiele

Tastspiele

Tanzspiele

Verkleidungsspiele

Wahrnehmungsspiele

Würfelspiele

Kreative Gestaltung

Rezepte